外野史亭杂记

大家史说

苏同炳／著

故宫出版社

图书在版编目（CIP）数据

外野史亭杂记 / 苏同炳著. -- 北京：故宫出版社，2013.4
（大家史说. 第2辑）
ISBN 978-7-5134-0388-7

Ⅰ. ①外… Ⅱ. ①苏… Ⅲ. ①中国历史-掌故 Ⅳ. ①K206.6

中国版本图书馆 CIP 数据核字（2013）第 053976 号

外野史亭杂记

著　　者：苏同炳
责任编辑：江　英　王冠良
装帧设计：赵　谦
校　　对：毕卫涛
出版发行：故宫出版社
地址：北京市东城区景山前街4号　邮编：100009
电话：010-85007808　010-85007816　传真：010-65129479
网站：www.culturefc.cn　邮箱：ggcb@culturefc.cn
印　　刷：保定市中画美凯印刷有限公司
排　　版：保定市万方数据处理有限公司
开　　本：880×1230 毫米　1/32
印　　张：7.25
字　　数：121 千字
版　　次：2013 年 4 月第 1 版
2013 年 4 月第 1 次印刷
印　　数：1~5000 册
书　　号：ISBN 978-7-5134-0388-7
定　　价：26.00 元

目录

中国历代状元故事

中国自隋朝开始，以科举考试制度取士。这是一种对全社会公开政治参与权利的公平竞争的选举制度，其进步合理的精神，向来为各国政治家普遍赞颂，被认为是中国古代最开明的政治措施之一。

科举考试的第一名，在从前称为“状元”。科举制度既是中国历史上的特殊产物，那么因科举制度而产生的状元，自然也是中国的特产。

自科举考试被废除以来，人们已逐渐不甚了解“状元”头衔对古代知识分子的影响程度如何。所以搬出这些老典故来复述一番，算是“大千世界”中的一些点缀，是为序。

“状元”由“状头”而来

唐代的科举考试，例由礼部侍郎主持试务，称为“知贡举”。知贡举的礼部侍郎在考试完毕之后，在决定取中新进士几人，以及所取进的又是哪些人时，当然需要开具名单，奏呈皇帝裁定。在奏呈皇帝的录取名单中，被录取者必有先后次序。当时的公文，一般通称为“书状”，进士第一名即通称为“状头”，即“榜首”之意。《唐诗纪事》中有卢储为“状头”的故事，可以参看。原文如下：

李翱江淮典郡，卢储以进士投卷，翱礼待之，置文卷几案间。其女闲步铃阁间，见文寻绎数四，谓小青衣曰：“此人必为状头。”李闻之，深以为异，乃选以为婿。来年，储果状元及第。才过阙试，迳赴佳礼，因赋催妆诗曰：“昔年将去玉京游，第一仙人许状头。今日幸为秦晋会，早教鸾凤下妆楼。”

状头意为榜首，而“元”字又有“首”的意思，于是状头又可称为“状元”。在唐代初行科举考试之时，不但“状头”与“状元”之名可以互称，而且也尽有并非状头而被称状元的。如郑谷所撰《及第后宿平康里诗》，其中就有句云：“好是五更残酒醒，耳边闻唤状元声。”郑谷乃是赵昌翰榜下的第八名进士，并非状头，居然亦被称状元。可知“状元”之名初次出现时，并不专指第一名的状头，后来方才代替状头而成了进士第一人的专用名词。

唐代状元容易得

状元是进士考试的第一名，作为能够技压群雄而独占鳌头之选，理应是文才出众的佼佼者，但其实不然。明清时代的状元，往往是由幸运而得，若在唐代，则又属于另一种情形。

唐代科举考试，主其事者乃是礼部侍郎。礼部，在唐代隶于中书省，礼部尚书不过只是三品官，侍郎的品秩更低于尚书，只是正四品官员而已。官只四品，凡是品秩崇高的大官显要企图对侍郎所主持的考试有所影响干扰，知贡举的礼部侍郎便无法拒绝这种影响力量。于是，进士考试第一名的状元人选，便不免在如此这般的情形之下，为有力人士所攫取而去。

宋人洪迈所撰的《容斋随笔》记载：

高锴为礼部侍郎知贡举，裴思谦以观军容使仇士良书来求作状元。锴曰：“状元已有人，此外可副军容意旨。”思谦曰：“奉军容处分，非状元请侍郎不放。”锴不得已

从之。

仇士良，是唐武宗时极有权势的大太监，以观军容使兼统左右神策军，能废立天子，曾杀二王、一妃、四宰相，贪酷残狠，毒辣无比。这样的“权要”人物，知贡举的礼部侍郎高锴如何惹得起？于是裴思谦终于予取予求地取状元而去。这是最显著的一个实例，足以证明，唐代的状元可以籍势攫取。至于势要攫夺以外的情面私恩之类，亦正复不少，也抄录几条实例如下：

《北梦琐言》载：

李固言，性长厚，未习参谒。应进士举，舍于表亲柳氏京第。诸柳昆仲率多戏谑，俾习趋揖之仪，俟其磬折，密于乌巾上贴文字云：“此处有屋僦赁”。固言不知，及出，人见而笑之。许孟容守常朝侍中，鄙其官不乐为，固不能为人延誉也。诸柳绐令投谒。许惭谢，曰：“某官极闲冷，不足发君子声彩。虽然，已藏之于心。”及睹乌巾上文字，知其朴质。来年，许公知贡举，李固言遂以状头及第。

《玉泉子》载：

崔蠡丁母忧，苦俭啬。一日，有宗门子请谒，云：“知公居官清俭，太夫人丧事不能无费，某忝侄孙行，愿以钱三百万济公大事。”蠡见其慷慨，虽不受其钱而深嘉许之。此人应举不成，颇有屈声。后蠡服阙，知贡举，此人就试，蠡举为状元。众颇惊异，谓蠡之举文以公道，崔之献艺以善价，一第可矣，首冠殊为未可。蠡曰："崔某固是及第人，但状元是其私恩所致耳。"

情面与私恩，都可以使主持贡举的许孟容及崔蠡决定某人可作状元，这与裴思谦以大太监仇士良的势力来硬取状元之事没有太大的差别。足可证明唐代的状元并不表示其文才出众，为多士之魁，其所以能中状元者，人情而已。至于下面的一则故事，由于知贡举的郑熏误将颜姓举人错认为大忠臣颜真卿（颜鲁公）的后人，因此糊里糊涂地让他中了状元，这就更可笑了。《唐摭言》记其事云：

郑熏侍郎主文，误谓颜标乃鲁公之后。时徐方未宁，意在激劝忠烈，即以颜标为状元。谢日，问及庙院，标曰："寒畯未尝有也。"始知误取。或嘲曰："主司头脑太冬烘，错认颜标作鲁公。"

宋代状元作小官

按明朝的制度规定，新科状元，榜下即授翰林院修撰，秩从六品。此后大概只在翰林院中升转，一到从四品的侍讲学士或侍读学士之后，再转一阶，就是正三品的詹事府正詹事或从二品的内阁学士，由此入阁拜相，稳妥无比。

所以，中状元或点翰林，大抵即是入阁拜相的前奏，而社会人士之所以特别看重状元或翰林，也是因为此一缘故。但这种情形在宋初尚非如此。

据《宋史·吕蒙正传》载，吕蒙正状元及第后，止授将作监监丞，升州通判。后来他做到宰相，照例可以荫子为官。吏部拟援前任宰相卢多逊之例，荫授从五品的水部员外郎。蒙正上奏逊谢，曰："臣忝甲科及第，止授九品京官，臣男不应受此宠命，乞以臣释褐时官补之。"可见宋代初年的状元，只能授职为九品的京官，品秩甚卑。再由其他史传考之，其情形亦复相同。

北宋开宝八年（975年），王嗣宗状元及第，授秦州司户参军，其职务只相当于近代地方政府的财政科长之类，其品秩则只有九品而已。其后，王嗣宗因事触忤知州路冲，路冲一怒之下，竟将这位状元公械系下狱。另外还有一位状元公马涓，亦于及第后授职州府幕职，对知府自称状元。知府吕大忠训斥之，曰："状元者，及第未除官之称也；既已授官，岂可仍称状元耶?"由这两条事例，亦可以证明，宋朝初年的状元不怎么受人重视。这种情形，在许多年后方才逐渐得到改善。

《儒林公议》中说，宋朝的状元极为尊贵，登第不满十年，即望柄用，如王曾、陈尧叟等皆是。尹洙传记中则说：

“状元及等，虽使将兵十万，凯歌还朝，其荣无以加焉。”这显然是宋朝中叶以后的现象，其时重文轻武的情形已经逐渐形成，社会观念既轻视武人，而状元及第者又柄用甚速，自然将中状元视为人生无上之光荣。宋人吴枋所撰的《宣斋野乘》中，有状元词一首，其所表示的即是这种心态。词云：

五百人中第一仙，等闲平步上青天。

绿袍乍着君恩重，黄榜初闻御墨新。

龙作马，玉为鞭，花如罗绮柳如锦。

时人莫讶登科早，自是嫦娥爱少年。

宋朝的“状元宰相”极多，不过其所传轶事远不如明清两代之富于趣味。所以状元故事中富于可读性者，仍以明清两代为多。拙文虽然取名《状元故事》，所写重点不免偏重于明清两朝，其原因在此。

状元天下之福

古语曾有“会元天下之才，状元天下之福”的话，意思说中会元必定是一等一的文才，若中状元，则不过福命胜过他人而已。这两句话，若以明清两代的状元人选看来，确实大有道理。

宋代以来的举人会试，先在礼部举行，第一名称为会元。礼部考试揭晓之后，取中的举人只能称为“贡士”，须待进一步举行殿试录取，方能称为进士；殿试进士第一名，则通称为状元。与唐代的科举考试相比较，选定状元之权，已由礼部侍郎改归皇帝“钦定”。既是皇帝所钦定，其去取之标准，就不一定是文章好坏了。由很多情形可以看得出来，其中的关键，竟有极大部分是“运气”。

宋真宗时，规定殿试用赋，其中所显示的器量识度为选魁标准。徐奭作《铸鼎象物赋》，有句云：“足惟下正，讵闻公悚之欹倾？铉乃上居，实取王臣之威重。”蔡齐应殿试，试题为《置器赋》，有句云：“安天下于覆盂，其功可大。”真宗以为有公辅之器识，先后拔置第一。

南宋孝宗时，进士黄由卷云：“天下未尝无难成之事，人主不可无坚忍之心。”恰在此前，孝宗曾往朝见太上皇（高宗），谈及政事，高宗谕曰：“天下事不必乘快，要在坚忍，终必有成而已。”此卷符合太上皇之训诲，遂擢为第一。

又如清光绪二十一年（1895 年）乙未科殿试后，阅卷大臣本拟以王龙文为第一名，而时值中日甲午战争之后，清朝政府因战败而被迫签订丧权辱国的《马关条约》，割地赔款，创深痛剧。

光绪皇帝鉴于国势之积弱不振，特别留意时事问题。其中预定取为第三名的骆成骧卷，不只大谈时事，而且言辞剀切，中有“主忧臣劳，主辱臣死”之言，光绪皇帝在亲加覆阅之时大为赏识，特别将他从第三拔为第一，遂意外地得中状元。此时之殿试已专重书法，骆成骧卷不但书法不佳，而且其中多跳行飞抬，不合常格，居然亦能中状元，完全是因为符合皇帝意向之故，与上面的三例俱有异曲同工之妙。

明代状元，抡才之外，兼重品貌。建文二年（1400 年）殿试，内定王艮为状元。后知其貌不扬，遂改以胡靖为状元，置王艮第二。英宗正统四年（1439 年）殿试，阅卷大学士拟以张和为状元。英宗密使太监先到张和寓所看其容貌如何，见张有目疾，乃易置二甲，而以施槃为状元。

这些事实，显示中状元之人不一定是才学第一；如其不然，何以胡靖和施槃最初并未取为第一呢？不过这也是有其必要之处；如其不然，当殿廷传胪和新科状元游街之时，人们看到新取中的状元竟是其貌不扬或者缺一耳少一眼之人，又将成何体统？然则为国家颜面而不得不有此权宜举措，亦不能说是不对。

王世贞《凤洲杂编》中还有一则相关的故事讲到，明成祖永乐廿二年（1424 年）殿试，预定取中孙曰恭为状元。

成祖一看，“曰恭”二字连在一起，恰是一个“暴”字，大为嫌恶。看同榜中另有一个邢宽，就说：“孙暴不如邢宽”，竟以邢宽为状元，以孙曰恭为第三。这可说是名字之累，因为明成祖即位之后杀戮甚为惨酷，自己亦觉得过分残暴，不愿再以“孙暴”作状元，所以竟让邢宽捡了一个便宜。这完全可说是姓名之赐。反过来看，孙曰恭失掉状元，就是受姓名之累了。

相似的例子，则有清同治七年（1868 年）的预定状元人选王国均。因为此三字与“亡国君”谐音，慈禧太后听了大不高兴，说：“王国均，好难听！”王国均就此掉了状元，还落入三甲进士，连翰林院亦进不了，以外省州县蹭蹬一生，这更是最显明的例证。

这些故事，都足以证明中状元与其人之文才无关。所以说，“状元天下之福”这句话，大有道理。

“查明回报”中状元

旧时代的中国社会，因为贫穷之故，人与人之间的关系往往十分现实而且势利。即使是十分亲密的朋友或是亲戚，一旦彼此的穷通际遇有了差距，往往就会用不同的眼光看待对方。因此之故，就会有很多不近人情的事情发生，如这里所要说到的故事，即是一例。

蔡启僔，字硕公，号昆旸，浙江德清县人，明神宗万历四十七年（1619 年）生。康熙九年（1670 年），他以举人身份赴京参加会试，道出江苏山阳县。当时的山阳县知县某人，乃是蔡启僔的乡试同年。蔡启僔在中举人之后屡试不第，此君却已以举人谒选，经吏部铨授为山阳知县了。蔡启僔因为此君既是自己的乡榜同年，在道理上应该前往拜访，顺便也希望他照例略有资助，以尽同年之谊。不料这县令却不愿尽这同年兼地主之谊，在蔡启僔所递进去的名片上批了四大字，著阍人“查明回报”，明显地拒人于千里之外。寒士艰于资斧，遭此冷遇，蔡启僔自是无话可说，只好黯然首途，仍然奔向那不可知的未来命运。殊不知此时的蔡启僔竟已时来运转，殿试揭晓，居然中了一甲第一名的状元。等到蔡启僔再次途经山阳，已是衣锦荣归的殿元公了。此时的山阳县令，虽然仍是在名刺上批注“查明回报”的某某人，对这位新近大魁天下的蔡启僔，忽然又记得他们的乡榜“年谊”了，殷勤万分的前来趋跄求见。蔡启僔也在他的名刺上题了一些文字退还，不过他所题的却是一首七绝诗，并非此县令当年所用到的“查明回报”。诗云：

一肩行李向长安，风雪谁怜范叔寒？

寄语山阳贤令尹，‘查明’须向榜头看。

人情冷暖，古今一例，看了蔡启僔的诗，大可以为寒士生色。只是现代已经没有科举制度，也没有了状元，当年“十载寒窗无人问，一举成名天下闻”的快心惬意事，如今已不复能有，言之诚不能令人无憾。

曾状元酒量第一

明清两代，有特殊轶闻足以称道的状元故事很多，若以饮酒的能力而论，明朝的曾棨当推第一。

曾棨，是明成祖永乐二年（1404 年）的状元。他的饮酒能力表现，是在一件招待外国使臣的事件中偶然发现的。

据祝允明所撰《前闻记》中的记述，永乐年间，某外国遣使入贡。其使臣的酒量极大，明成祖命礼部官员选择一个酒量更大的大臣充任馆伴，以显示中国的人才处处胜于外邦，可是就找不出这样一个适当的人选。曾棨时为翰林院修撰，闻言即自动奏报堪以胜任。成祖召见时特别询问他酒量几何，能否敌得过这使臣否。曾棨奏称：“皇上不必过虑，臣不需尽量，亦必定能敌得过。”及至馆驿，曾棨与来使连续对饮，夜以继日，不醉不休。结果是来使每日大醉，而曾棨殊无醉容。来使愧赧而还，明成祖亦因此而大为高兴，说：“不必更论卿之文学，只以酒量而言，岂不堪胜任我大明状元耶？”

这一段故事，与《今古奇观》中所描写的“李白醉草吓蛮书”，颇有异曲同工之妙。不过《今古奇观》所写的是莫须有的传说，此则是真人实事的真实故事。

张謇得状元始末

——清代殿试阅卷大臣之排名次序决定状元人选

清朝科举考试之状元人选如何决定呢？一般总以为是悉出皇帝之钦定，其实殊为不然。这其间的情形，可以用张謇中状元的事实为例证以说明之。王伯恭《蜷庐随笔》记此云：

甲午阅卷者，张子青居首，次为麟芝庵，次为李兰荪，翁叔平居第四，志伯愚则第八也。向来八大臣阅卷，各以其人之次序，定甲第之次序，所谓“公同阅定”者，虚语耳。是科，翁师傅得张季直卷，必欲置诸第一，张子青不许，几欲忿争。麟芝庵曰：“吾序次第二，榜眼卷吾绝不让，状元吾亦不争。”高阳相国助翁公与南皮相争，谓：“吾所阅之沈卫一卷，通场所无，今亦愿让状元与张，幸公俯从。”南皮无可如何，乃勉如翁意，其所定之状元，改作探花，以麟公不让榜眼也。一甲既定，乃议以沈卫列传胪。高阳曰："如此佳卷，不得鼎甲，更欲传胪何为？不如位置在后。"时已宴，内廷催进呈十卷，而传胪未定，难以捧入。群公因高阳一言，皆默不作声。志伯愚起曰："吾所阅一卷如何？能滥竽否？"南皮略观，即曰："甚好。"于是吴竹楼昂然为二甲第一矣。

这一段记事，叙述张謇（季直）中状元的经过，甚为详尽，只是其中的很多地方还需要加以注释，否则一般读者殊不能明了。

按，张謇中状元，是光绪二十年（1894 年）甲午科的事。这一科的殿试阅卷大臣，一共派出八人，分别以其官衔决定次第。第一位是汉大学士张之万，字子青，河北省南皮县人，即上文所说的"子青"与"南皮"。第二位是满大学士麟书，字芝庵。第三是协办大学士李鸿藻，字兰荪，河北省高阳县人。第四是协办大学士翁同龢，字叔平，光绪皇帝之"师傅"也。第五以下，分别是薛允升、汪鸣銮、唐景崇，与志锐（即志伯愚），名位均在翁同龢之下。翁同龢虽然在阅卷大臣中位列第四，只能取中二甲第一名的传胪，但是他挟持"帝师"之尊，定要以张謇为状元，以致与位列第一的"南皮相国"张之万发生冲突。张之万在阅卷大臣中位列第一，照理状元应出于其门，但是他却不敢坚持到底，再加上另一个协办大学士李鸿藻也帮着翁同龢说话，张之万不得已，只好让出他的状元卷，给翁同龢所属意的张謇去中。而位居第二的满大学士麟书又不肯让出一甲第二的榜眼，张之万所定为第一的卷子，便只好退居一甲第三的探花了。由王伯恭的叙述，固然可以知道，张謇之能得状元，全靠翁同龢之力争，而由此亦可附带了解，清代科举考试的殿试名次，原来是根据阅卷大臣的排名次序决定的。翁同龢位居第四，他所属意的张謇，如非有这一番折腾，注定只能列为二甲第一，根本不能成为状元。由此更可证明，能中状元与否，与其人之文才并无绝对关系，更重要的还是机遇，即所谓“命运”是也。

比上不足，比下有余

成语中“名落孙山”的出典，见于《过庭录》中的这一故事：“孙山，滑稽才子也。赴举时，乡人托以子偕往。榜发，乡人子失意，山缀榜末先归。乡人问其子得失，山曰：‘解名尽处是孙山，贤郎更在孙山外。’”但这两句诗中也有另一种涵义存在，即是“比上不足，比下有余”是也，类此的故事，还可以举出如下两条来。

据洪迈《夷坚志》所说，宋仁宗皇佑五年（1053 年）

的状元是郑獬，这一榜的压末一名是陈传，陈传的上一名则是周师厚。榜发之后，周师厚自赋诗云："有眼不堪看郑獬，回头犹喜见陈传。"言下颇有沾沾自喜之意。

《二老堂诗话》则说，宋高宗绍兴二十七年（1157 年）策试天下举人，取中进士四百二十六名，第一名状元是王十朋，殿军则是吴正己。吴正己名列榜尾，同孙山一样是殿军，照理应该没有什么话可说了。只因这一年取中的举人，在正榜四百二十六名之外，尚有副榜若干人，其榜首乃是李三锡。于是吴正己又有诗句可以吟咏了。他写道："举头不忍看王十，回面犹欣见李三。"说来说去，无非表示"比上不足，比下有余"，他还算是很不错的意思。在自我解嘲之外，居然还可以用此向人炫耀一番，文人心理，有时候实在很难使人理解。

倒霉状元龙汝言

清代最倒霉的状元，当以嘉庆十九年（1814 年）甲戌科的状元龙汝言为最。他由发迹至倒霉，都极富于传奇性，大有一谈之价值。

龙汝言，字子嘉，安徽桐城县人。他在中秀才后，入京应顺天乡试不第，就留在某都统家做教读先生。适逢嘉庆皇帝寿诞，臣下照例要撰呈祝词恭贺皇帝万寿，某都统当然敬请教读老夫子代笔撰拟。龙汝言想出了一个最容易讨好的办法：尽半月之力，集康熙、乾隆两朝御制诗集中的有关诗句百韵，凑成颂词一篇恭进。嘉庆帝看到这是出自“皇祖”、“皇考”集中的御制诗句，龙心大悦，于召见某都统之时予以嘉许。某都统一介武夫，自承无此学问，老实说出这是请教读西席龙汝言所代撰的。嘉庆皇帝听了，说：“南方的读书人，向来不屑读皇祖皇考的诗章。龙汝言居然能熟读，足见他有忠君爱上之诚。”嘉庆帝立即赏给龙汝言举人身份，钦准一体参与会试。

这是嘉庆十五年（1810年）十月间的事，次年适逢会试，龙汝言与试未中。主考复命时，皇帝大不高兴，说是这一科没有一篇好文章，以致总裁官胡长龄、董诰等人都受了申斥。暗中打听之下，皇帝的近侍太监泄漏了其中的秘密，原来是皇帝因为龙汝言落第之故，而迁怒于全体主考。这当然使朝中的大僚有了警惕。等到嘉庆十九年再行会试，龙汝言遂得首荐，以一甲第一名的状元预定人选呈进。嘉庆皇帝翻阅总裁官呈进的前十名考卷，看到最上面的第一本考卷就是龙汝言的，十分高兴，再无其他闲话。胪唱之日，龙汝言以状元身份俯伏殿廷，嘉庆皇帝十分高兴，对近侍的御前大臣说：“我所赏识的人还会错吗?”就在这样的有意安排之下，龙汝言以一个落第秀才成了大魁天下的新科状元。照道理来说，龙汝言有如此亲切的皇帝靠山特别照应，应该可以宦途得意，取金紫如拾草芥了，然而事实有十分意料之外者，则因为他有一个十分不贤的悍妻故也。

清朝的制度，新科鼎甲须与庶吉士一同入庶常馆教读三年，期满散馆，方能正式授职。龙汝言在嘉庆十九年(1814年)中状元，到嘉庆二十一年六月，尚未散馆，即被钦点为湖北乡试正考官，前往湖北主持乡试事宜。龙汝言在乡试结束之后还朝复命，后又奉命在南书房行走，及充实录馆纂修等职，赏赉稠叠，恩遇极隆，举朝歆羡。清朝时的“南书房行走”翰林，乃是皇帝的亲近文学侍臣，一旦得此荣衔，非经奉旨褫革，可以终身参预其事，其身份极不平凡。但在嘉庆二十四年五月间，忽然有圣旨曰：“龙汝言精神不周，办事粗忽，毋庸交部议处，着即革职回籍。”此旨中并未宣布龙汝言的罪状，而只以“精神不周，办事粗忽”为言，轻易地就将龙汝言革了职，不知内情的人，看了此旨，无不十分惊诧。及至了解内情之后，则又无不为龙汝言惋惜，及深感嘉庆皇帝之特予加恩宽容。因为龙汝言当时所犯的过错，若是认真追究起来，是会连性命都送掉的。至于其肇端之因，则当然是因其不贤之悍妻而起。

原来龙汝言幼孤而贫，端赖其妻父培植，始得免于冻馁，所以他一生中最感激的是他岳家，最怕的则是太太。因为他的妻子实在是下愚无识而极端凶悍的不贤妇人，由于自恃对夫家有恩，向来养成了她奴视夫婿，动辄打骂的恶劣习惯，在龙汝言中了状元之后，依然相沿不改。每当夫妻吵架，龙汝言就只好避到朋友家中去住，否则就难免被老婆所打。他以翰林院修撰而兼任实录馆纂修之职，负有清高宗实录的纂修与校对之责。就在出书之前不久，实录馆职员将甫经抄缮完竣的一部分实录送来请他校对，而他则因为刚刚和太太吵过架，避居到朋友家中去了。他的妻子并不识字，见有人送书来，便照例收下，三天之后职员前来取回，她又将原书交人带回，并不知道此书并未经龙汝言校看核对，其中若有错误将会发生麻烦。实录馆职员不明就里，以为既经龙汝言校对，又未签注有何错误，自然一切都无问题，就在加上“臣龙汝言恭校”的签条之后，送呈皇帝御览去了。嘉庆皇帝打开书来一看，其中一本赫然将“高宗纯皇帝实录”的“纯”字讹为“绝”字，以致将“高宗纯皇帝”写成了“高宗绝皇帝”，这一惊真非同小可。再看签条上所写的校对官姓名，居然竟是他最赏识的龙状元汝言，于是他只好叹一口气，说：“龙汝言无福!”由于无法公开宣布罪状，所以才降下这一道轻描淡写的谕旨，含含糊糊地以“精神不周，办事粗忽”为理由，将龙汝言革职了事。若是真的要追究起来，这罪名可是会使龙汝言身首异处的哩!

龙汝言有此特殊照应的皇帝靠山，竟然仍有此不幸的遭遇，实在可说是倒霉之至。就在他被革职回籍之后的第二年，嘉庆皇帝就崩驾了。龙汝言闻信奔丧，感今思昔，痛悼逾恒，所以在“哭临”之日的表现极为哀戚悲伤，至于痛哭流涕，伏地不起。道光皇帝嘉许他“颇有良心”，特赏内阁中书之职。道光十八年(1838年)，龙汝言又被派充过一次会试同考官。不过他终于不能再像从前那样得蒙皇帝“特达之知”，从此黯黮以终，赍恨没地，空自辜负了他的非凡际遇及大好头衔。

状元虽好却非郎

清人袁枚所撰的《随园诗话》，有如下一则故事：

汪度龄先生中状元时，年已四十余，百麻身长，腰腹十围。买妾京师，有小家女陆氏，颇通文墨，观弹词曲本，以为状元皆美少年，欣然愿嫁。结婚之夕，于灯下见先生年貌，大失所望，业已郁郁矣。是夕，诸同年饮嬲巨杯，先生量宏兴豪，沉醉上床，不顾新人，和衣酣寝。已而呕吐，将新制枕衾尽污腥秽。陆女恚甚，未五更，雉经而亡。或嘲之曰："国色太娇难作婿，状元虽好不是郎！"

宋代以来，由科举考试中产生的状元，其数目何啻百数？这些三年一个的状元，属于少年郎君的固然不少，中年以上的亦尽复多有。论其原因，当然是因为考试太难。试想一想看，在科举制度盛行的时代，读书人自束发授书以至蟾宫折桂，要经过多少阶段的考试呢？才智出众的异常聪明之士，固然可以轻而易举的顺利过关，由秀才、举人连捷而成进士，再在南宫高捷，就成了大魁天下的状元郎，论其年岁，也许才不过廿岁有几。但是，文章固有天才，穷通亦关气运，时运不来，尽有许多人四十五十而不能博一第的。比较多见的情形，则是"文章憎命达"，"龙头属老成"，等到真正高中状元，已经时不我与，非复当年的翩翩浊世佳公子了。"状元虽好不是郎"，应该即是这种情形的真实写照。

比较例外的情形，是宋朝与明朝的某些皇帝，觉得状元既是大魁天下的龙头之选，事关朝廷之观瞻与国家之颜面，总不能糊里糊涂地中个五官有缺或者形容琐鄙之人，以免贻笑四夷，损及天朝大国的尊严。所以他们在决定状元人选之前，往往要设法先知道其人的形神仪表，尽量使够资格成为多士范型的才俊得此头衔，不致于辜负状元之名，如前文所引述的以胡靖改换王良，以施槃改换张和为状元，均其事例，此外还可以举得出来的，则有下面的几个故事。

宋人孔平仲所撰的《谈苑》说，宋真宗虽以文词取士，亦必观其器识及风度气质。每次发榜之前，必先召高第者三四人并列于庭，察其形神磊落而气度从容者，始定为第一人。如《宋史·蔡齐传》便说："举进士第一，仪状俊伟，举止端重，真宗见之，顾宰相曰：'得人矣！'"即其事例。至于明朝的事例，则在胡靖与施槃之外，尚有曾彦。明人陆粲所撰的《庚己编》，有"曾状元"一条，所述即曾彦中状元之事，云：

故事，将赐第前一日，集诸贡士于礼部，阁老堂中呼名，阅其仪貌。及是，呼至曾公，文康（即当时的大学士万安）属目，觉其秀伟尤甚于众，喜谓诸公曰：'得人矣！'魁选遂定。

曾彦，是明宪宗成化十四年（1478 年）戊戌科的状元；上文所说的胡靖，是建文帝建文二年（1400 年）庚辰科的状元；施槃，是明英宗正统四年（1439 年）己未科的状元。由此可知，在明代早年，大抵都有此项惯例，以容貌及仪表来决定何人可中状元。在这种情形之下，所选中的状元，即使不是丰神俊雅的少年才郎，也总不会是面麻年老而腰腹十围的粗长大汉，如上文所说的汪度龄吧！假如清朝的状元也像明朝那样，在决定人选之前先阅其仪貌，“状元虽好却非郎”的情形，就不大容易出现。清朝有很多制度胜过明朝，这一点却颇有可议之处。

“真状元”钱福

江苏松江府华亭县籍的钱福，字与谦，号鹤滩，乃是明孝宗弘治三年（1490 年）庚戌科的状元。钱福的才学极好，不过，关于他的中状元，却有一段有趣味的民间传说。

华亭县在钱福夺魁以前没有状元，但县城西门的丰乐桥下却早已有了一座“状元坊”，乃是为宋朝的状元卫泾而立的。卫泾实际上只是松江府人，并非华亭县籍，将他的状元坊建在华亭县境内，当然不很妥当。弘治二年（1489 年）己酉，西门失火，卫泾的状元坊因火灾而倒塌了。当时，地方人士就欢呼哗噪着高叫：“烧却假状元，要出真状元了。”到了第二年，钱福果然中了状元——华亭县籍的第一个状元。这里面是否有什么风水堪舆之学，也很值得研究。

钱福中了状元之后，有人要考验他的才学，看他是否够资格称为“天下第一”的文章作手。下面的故事，就是从当地流传的传说中记述下来的。

一个故事说，松江府的知府在钱福中了状元之后，拿了一幅《秋江独钓图》去请他题诗，指定要在四句诗中用上十个“一”字。钱福听了，毫无难色，而且即席挥毫，立刻就题在画上。诗云：“一蓑一笠一渔钩，一个渔翁一叶舟。一橹一帆兼一桨，一人独钓一江秋。”知府看了，不得不佩服他的文才。

另一个故事说，某富翁家新起一楼，请家中所聘的馆师题匾额，此馆师题了“听月楼”三字。月亮居然可听，设想未免奇特。富翁想到，应该请钱状元来题一首诗，顺便可以考考他的才学。钱福来了之后，看见了“听月楼”的匾额，连声说好——好在太新奇，而他的诗也很快就有了。诗共八句。所写的都是来自月中的声音，云：“听月楼高接太清，倚楼人听最分明。碾空咿哑冰轮响，捣药叮咄玉杵鸣。机织广寒声历历，斧侵丹桂韵丁丁。更加一派天风起，吹落嫦娥笑语声。”这就不但“听月楼”的楼名太妙，听月楼的诗更妙了。

照古时的传说，状元的文才必定盖世。这种说法虽然荒诞不经，但从钱福的故事来看，似乎也不无道理。

武举趣谈

——羊血汤三打天下

清代以科举取士，在文科举之外，尚有武科举。

所谓武科举，其制度完全模仿文科举。所不同的是，从文科举中得到出身的读书人，以后终身担任文官；出身武科举则以后只能做武职官，如此而已。但因其制度完全模仿文科举之故，自武生员、武举人，以至武进士的各种考试，亦与文科举的“三年大比”一样地定期举行。应试者除了考试刀、马、弓、石等等武艺之外，还需要作策论三篇，如果其人目不识丁或者作文不能成篇，亦无法由此得到出身。不过，武科举中的策论之类，其实都只是由夹带传递而抄袭成文的冒滥之作，主考官明知其出于抄袭，亦不加深究，只求表面上敷衍得过去就算了。据清人赵翼《簷曝杂记》所说，他在典试顺天武乡试时所见到的试卷，文字大都拙劣不堪，甚至连抄写夹带亦错误百出，将“一旦”连写成为一个“亘”字，将“丕”字分开成为“不一”二字，笑话连篇，可见其不通程度之一斑。《笑笑录》中亦有一则类似的故事说，某武生在场中抄写夹带中的“盖汤之于天下”一句，因为稿子写得比较潦草，草写的“盖”

字被分开抄成了“羊血”，“之”字讹为“三”字，“于”字讹为“打”字，于是就变成了“羊血汤三打天下”，连孔夫子都看不懂他说的是什么。

武科举所要求的重点是武艺，文章策论，不过聊备一格，所以事实上也无法深究。然而，由这样的考试之中得到出身的武进士武举人之类，居然也要像文举人文进士一样地掉起书袋来，那就要有更多的笑话了。清人张培仁所撰的《妙香室丛话》中，便有如下一条记事：

吾粤有两营弁，俱以武科起家先后到任。其一往拜，谕书吏曰：“吾与若叔父同年，帖上应写‘年愚叔’，以示亲近之意。”书吏如命写之，持帖往拜。其一阅之怒曰：“伊如此僭妄，我必有以报之。”次日回拜，亦谕书吏曰：“我与若外祖同榜成进士，帖上应写‘年愚祖’字样。”书吏亦如命写之，遂大相诟谇，几至挥拳。

同僚间的礼貌拜望，向来只有自己谦虚而礼待别人，从未听说如此攀扯对方亲戚而以长辈自居的。这当然也是不通文墨的结果，大可以在《官场现形记》之类的书中记上一笔。

古代的战车与车战

古代的战车规制，可以从古文的“车”字明了其大概。

孙诒让籀文车字说云，金文的车字，作“𨏖”。细看其字形，左半部象征车身与车轮，右半部象征驾车的衡轭；将左右两半联结成一体的中间那一横，则正是从车底伸展出来的“辀”。甲骨文的车字，形体与此相似，不过车轮两端的出头，没有金文车字那样的长。这种解说，与清儒戴震所考订的古战车形制完全相同，可证其说不讹。据此可知，我国古代的战车，仅由一根辕来拉车，与古罗马战车的夹车双辕形式，根本不同。另外，罗马式战车的驾马虽有四匹，车上的乘员只有一人；我国古代战车的驾马同为四匹，车上乘员则有三人。这亦是中西古战车的不同之处。

我国古代战车的驾马有四，不但可以从考据学家们的论证中得知，也可以从古诗的描写中得到证明。如《诗经·国风·小戎》云："四牡孔阜，六辔在手。骐骝是中，䯄骊是骖。"又如《小雅·六月》："六月栖栖，戎车既饬。四牡骙骙，载是常服。""戎车既安，如轾如轩。四牡既佶，既佶且闲。"言兵车必言四马，可以知道兵车的驾马有四，而且每匹驾马都是很强壮骏美的。这可以从"孔阜"、"骙骙"、"既佶且闲"等形容词中看得出来。《国风·小戎》更盛赞其"中服"的二马为"骐骝"，其左右的"外骖"为"䯄骊"，更可以想见这些马匹的毛片美丽，色泽闪亮。"四骐翼翼"，"八鸾玱玱"，当时的战车出征气概，从这些文字的描写中，可以充分想见其声威不凡。

古战车的制作规制，周礼考工记中记有各种有关数字。大致车广六尺六寸，深四尺四寸，可乘三至四人。车厢共有三面，前称为轼，左右称为輢。《诗经·国风》描写古战车的装饰，有"龙盾之合，鋈以觼軜"，"阴靷鋈续，文茵畅毂"，及"厹矛鋈錞，蒙伐有苑"之类的文字。"鋈"是涂饰金属的意思。车上的兵器及辔头，都用镀色的金属制作。马匹被有护甲，盾上绘有龙纹，复有虎皮之褥。这样壮丽威武的战车，无怪乎古代诗人在赞美它们时，要用

“牧野洋洋，檀车煌煌，驷骡彭彭，维师尚父，时维鹰扬”之类的美好文辞了。我们试加闭目冥想，这种庄严威重的出师场面，不是很值得令人神往的吗？

古代的战车规制，每车甲士三人，左曰车左，右曰车右，中间执绥者为御。车左主射，所担任的是积极性的攻击任务；车右持戈矛，所担任的是消极的防御任务。由于三人的职掌各异，所以车左常是全车的中心人物，克敌致功的效果，常常要靠他来发挥。在战争进行中，车左所表现的射技，常常极其神妙。如《左传》载鲁襄公十八年齐晋之战，晋将州绰追齐将殖绰，连射二矢，左右夹颈，命令殖绰停车受缚，说：“止将为三军获，不止将取其衷(中)”。结果殖绰只好停车投降。《左传》载鲁成公十六年晋楚鄢陵之战，晋将吕锜射楚共王中目，共王大怒，召养由基来，与之两矢，使射吕锜。养由基以一矢射之而毙，余一矢复命。又《左传》载鲁哀公二年晋郑之战，郑人败绩，晋师乘胜尾追，郑将姚般、公孙林殿后，射无虚发，追者多死。晋国元帅因此下令停止勿追，曰：“国无小”，意思在说，不能因郑是小国而轻敌。凡此，都是实际的例子。由于一车之中主射者的地位最为重要，所以车左常为全车的首脑。《左传》载鲁宣公十二年晋楚邲之战，楚国勇士许伯、乐伯、摄叔三人同驾一车，在未战之先前往敌营挑战，乐伯居左，史文称为："许伯御乐伯，摄叔为右。"鲁昭公十二年齐晋之战，宋公子城杀敌致功，史文亦说："子禄御公子城，庄堇为右。"皆其明证。

以上所记，是一般的情形。若是元帅在车，则元帅居中司旗鼓，御者执绥居左，车右执戈矛居右。国君在车，则国君居左，御者及车右的位置如旧。在这种情况之下，车右须负责保护元帅及国君的安全，其责任便特别重要。为了充分完成防御的任务，车右一职，往往需要选择高大强壮的勇士来担任，这又不能与前者一概而论的了。

四马驾车，其奔驰的速度必然很大，所以古代战车的最大功用，便是利在冲突驰骤。但这只能在车辆少而地面宽广的情形之下才能充分发挥，若是在春秋末年及战国之初，两国的战争，动辄出动战车千辆，此外还有步兵在后夹辅，那么，战争的进行便需运用策略，左进右退，回转周旋，所用的战法常有中央突破及两翼包抄等，《左传》中记述甚多，不及细赘。在这里特别值得提出一谈的，乃是当时的"挑战习惯。"

春秋中期以后的战争进行，作战双方的战略战术运用，都已逐渐发展成熟。所以，在战事进行之中，双方都尽可能先求立于不败之地，然后谋求相机制胜。要使自己立于不败之地，必先构筑营垒固守。所以，在大战未发生之前，双方所做的工作，大抵都是筑垒为营。《左传》鲁成公十六年晋楚鄢陵之战，楚军先发制人，压垒而阵。逼得晋军无法出营列阵，只好填井塞竈，先阵而后出垒。这是双方结营垒以为守御的一项典型例证。由于双方都筑有营垒，在和战未决以前必定闭营拒守，求战的一方如要迫使另一方出而应战，就必须采取某种行动。这便是后面所要谈到的“挑战”，在当时则称之为“致师”。

当时通行的致师习惯，大都是由求战的一方派遣勇士，驾车前往敌军营前施以轻侮的行动，借以激怒对方出而应战。古代的战车，车上都树有旗帜，以为识别。在没有打仗的时候，车上的旗帜照例是卷起来的，是即所谓“建旗”而“不曳其旆”，意即仅仅备战而尚未即战。若是卷着的旗子放开来了，亦即是“曳旆”了，那意思就是在向敌方炫耀军威，表示作战的意向。此时敌方应即同时应战，否则即是畏敌退缩，即是极端怯懦的耻辱行为。两军为营，距离甚远，怎样才能使敌方知道己方的求战意图呢？这就需要派遣勇士前去表达了。

《左传》鲁宣公十二年晋楚邲之战，两军对峙，和战未决，楚国的许伯、乐伯、摄叔三人驾车同往晋营致师。许伯说：“吾闻致师者，御靡旌摩垒而还。”这是说，三人同往致师，只要由御者将旗子放开来，使它擦着敌国的营垒而过，就行。《左传》鲁哀公廿二年晋齐之战，晋元师荀瑶视齐师，马骇，遂驱之，曰“齐人知余旗，其谓余畏而反也”。及垒而还，其结果也是达成了致师的目的。这当是那时的致师方法之一。

许伯、乐伯、摄叔三人同往致师，许伯的说法如此，乐伯和摄叔的说法则不然。乐伯说：“吾闻致师者，左射以菆，代御执辔，御下，两马掉鞅而还。”摄叔说：“吾闻致师者，右入垒折馘，执俘而还。”原来是在曳旆示威之外，还可以另有更进一步的轻侮行为。一是由车左以箭射入敌营，然后代御执辔，使御者下车，在敌垒之前从容地调换内外驾马的位置，以示无畏；一是由车右突入敞垒之内，杀敌执俘，以示勇武。结果，三个人都照着他们自己的意见分别去做。《左传》鲁成公二年齐晋之战，齐国的勇士高固突入晋营，揭石投人，擒之而乘其车，徇行齐垒，说：“欲勇者贾吾余勇。”邲之战，晋国的赵旃为了报复楚人的轻侮，夜至楚军营前，公然在地上铺了席子休息，又使其部下偷入楚营捣乱。这些，大概都是与乐伯和摄叔相类的致师办法，而为当时所通行的。

在车战盛行的时代，一方面有勇士前往敌营致师，另一方面也派遣勇士出来捕捉致师的敌人，其间的故事变化就太多了。虽然史书上缺乏太详尽的文字记载，但举一可以反三，用来编写到历史小说或电影中去，必定可使故事内容更显得亲切而动人。谨提管见，以供小说家和剧作家们的参考。

裤子考

偶然在报纸上看到古装片“西施”的一张剧照，勾践与范蠡被拘在吴国的马厩里服贱役，两个人都穿着背心和长裤。背心姑且不论，若以所穿的长裤来说，好像与当时的时代背景多少有点距离。

服装的制作，古今异制。对于今人所已习惯著用的长裤，不能以为古人亦早已习惯。稽考载籍，我们便可知道，长裤之出现，曾经过一番展转的演变。

《三国志·裴潜传》注云：“韩宣，字景然，渤海人也。黄初中为尚书郎，尝以职事当受罚于殿前，已缚束，杖未行，文帝辇过，特原之，遂解其缚。时天大寒，宣前以当受杖，豫脱袴缠裈面缚。及其原，裈腰未下，乃趋而去。

帝目而送之，笑曰：此家有瞻谛之士也。”这一段话的可注意处有二：①韩宣既已著袴，何以又须著裈？难道二者不是相同的东西？②受杖之前，袴须脱去，裈何以只须上缠腰际？二者的用途究竟作何区别？

要回答这两个问题，先得查明“袴”与“裈”的字义。

《说文解字》释“袴”云：“同绔。绔，胫衣也。”段玉裁注：“今所谓套裤也，左右各一，以衣两胫。”既然古时的袴只是套裤似的东西，则两股以上必然全无遮蔽，所以才必须另有遮蔽的东西。《方言》释名：“裈，贯也，贯两脚上系腰中也。”《古今事物原始》释裈云：“裈，亵衣也。夏时用绢，长至膝。周文王制裈，长于膝。”原来裈也是类似裤子的东西，只是它无裆无脚，系于腰而垂于下，聊以遮蔽袴所缺略的部分而已。照此说来，古人兼著裈袴，才不过尽到了裤子的遮蔽功能。若是当时已有勾践、范蠡所著的长裤，则韩宣又何必如此麻烦费事？只是《说文解字》中段注释“袴”为“套裤也”，或许还是汉朝以前的制式。因为若只是套裤，则韩宣在受杖之前只须卷裤露臀，又何须预先脱袴呢？何况《方言》释“褌”（即后面所说的犊鼻裈）云：“无祠之袴，谓之褌。”“祠”即是裤脚筒，没有裤脚筒的犊鼻裈被称为褌，然则有裤脚筒的袴，其形状又岂止仅如套裤而已？这也是很显然的破绽。

在汉代以前，中国的服制宽博深长，下曳至地，故而下体部分除了鞋袜与“胫衣”之外，可以无须他物。这里所谓的“胫衣”——袴，很可能确实只是套裤似的东西。《曲礼》载：“不涉不撅。”注：“撅，高举也。”这是说，由于古人在著长衣时，下体部分的遮蔽不完全，所以除非是不得已的情形，不能掀衣高举，以免露体不雅。《吕氏春秋》、《墨子》、《晏子》等书中，都有“是犹裸谓撅者不恭也”的比喻。若是撅不露体，则裸者又何以取譬呢？古人坐必以跪，最忌箕踞，因为箕踞时两股开张，丑态实在恶劣。其他俯身屈身的动作，亦皆以跪为之；所以然之故，无非旨在遮护下体，使不致因衣服掀动而露体失态。《拾遗记》载：“苏秦张仪，同志好学，遇见坟籍，行路无所记，以墨书掌及股里，夜还而写之。”正因两股赤裸，所以才能在股上写字；否则，这话就不可理解了。前人曾说，汉代以前的古人“下体无衣”，大概是不错的。

不过，宽衣博带的华夏服制，并不一定能够通行于社会各阶层，更不能推之四夷而皆准。因此，在宽衣博带的服制之外，也不免间有其他变制。北方的胡人，以骑射为主，为求驰骋便利，必然会有他们自己的服式。自“赵武灵王胡服骑射”之后，北方的骑战逐渐传入中国，最后甚且淘汰了旧有的车战。骑马的战士，不可能穿着行动不便的宽衣博带打仗，然则随着骑战之流行于中国，窄衣长裤的胡式骑服，亦必然会被中国的骑马武士所仿效的。此外，操作的工人、种田的农人、刺舟的渔人，为了工作的需要，也可能把他们的衣服裁制得短小些，衣袖卷得高些。在这种情形之下，完全为了遮护下体而用的裤子，必然会逐渐出现。犊鼻裈与另一种“穷袴”，就是在这种情形下产生的。

《古今事物原始》释犊鼻裈云：“犊鼻裈，以三尺布为之，前后各一幅，中裁两尖裆交凑之。今之牛头子裈，乃农衣也，始于西戎，以牛皮为之，今之皮裤亦然。”犊鼻裈即是今日的短裤，由于两个短而大的裤管很像是并列着的牛鼻孔，故有此名。旧时的制度，其长度过膝而止。《汉书·司马相如传》：“相如身自著犊鼻裈，与佣保杂作，涤器于市。”古代的官吏与知识分子都穿着长衣，而犊鼻裈显现在外面的人，所著的必非长衣，因此犊鼻裈在从前被视为是下层阶级人民所著的“贱服”。又《淮南子》：“九疑之南，陆事寡而水事众，民人被发文身，以像鳞虫。短绻不袴，以便涉游。短袖攘卷，以便刺舟。”他们所著的也可能是较短的上衣与不及胫部的短裤。犊鼻裈是合裆的，既有合裆的犊鼻裈，也可能会有合裆的长裤。《汉书·上官皇后传》：“上官后，霍光外孙。光欲皇后擅宠有子。帝时体不安，左右及医皆阿意言宜禁内，虽宫人使令皆为穷袴，多其带，后宫有进者。”服虔释穷袴，说是“有前后裆不得交通也。”颜师古则以为即是后来的“绲裆袴。”“绲”的意义是缝合，缝合了袴裆以后方谓之穷袴，然则未缝袴裆的袴，大概也未必就是《说文解字》中段注所说的“套裤也。”这可以说明两点事实：①汉代人已有着在长衣内的长袴，但一般习惯多不将袴裆缝合。②韩宣受杖时既已脱去长衣，自必须在袴外加上一层“裈”，以为行杖前的遮蔽。至于不着长衣的贩夫之流，习惯上大致还只是著用长度及膝的犊鼻裈，此外不闻更有他式。

《汉书·叔孙通传》：“通儒服，（汉）王憎之，乃变其服，服短衣楚制。”又《汉书·朱博传》：“博为琅玡太守，敕功曹官属多褒衣大袑，不中节度，自今掾史衣皆令去地三寸。”颜师古注云：“袑，谓大袴也。”这两段史文，说明汉代官吏的服制，除了常见的宽博深长之外，也有较短而离地数寸的。衣服既短，袴的重要性就相对增加。《急就篇》：“大袴谓之倒顿。”所谓倒顿，意思是说袴的制作很是宽大，在足胫部分加以结扎，袴脚筒便倒垂向下。这种袴式，或者即是汉代人穿着在长衣里面的“袴”。比较起来，已较汉代前套裤式的“胫衣”进步得多了。至于其裆部，则显然是未曾缝合的，例子已见前引的韩宣故事。

由不缝裆的袴演变为后来的缝裆袴，显然与骑马戎服的流行有关。

魏晋以后的服式中，有一种衣名为“袴褶”。其名称初见于《三国志·魏志·崔琰传》：“太祖征并州，留琰傅文帝于邺。世子仍出田猎，变易服乘，志在驱逐。琰谏世子燔翳捐褶，以塞众望。”到了晋代，豪奢的王武子家，其婢子皆服绫罗袴褶。《晋义熙起居注》：“安帝自荆州至新亭，诏曰：诸侍官戎行之时不备朱服，悉令袴褶从。”《宋书·袁淑传》，太子劭将为弑逆，呼淑等为助，“左右引淑等袴褶”。《南史·张畅传》：“太子劭弑逆，畅服黄袴褶出射堂简人”。《南齐书·吕安国传》，安国既加文阶，欣谓其子曰：“尔后勿袴褶。”这些记录，都说明了“袴褶”乃是便于骑马征战之用的“戎服”。《觚不觚录》云：“袴褶，戎服也，其短袖或无袖，而衣中断，其下有横摺，更下复竖摺之。”《集韵》：“袴褶，骑服也。”《急就篇》二注：“褶，谓重衣之最在上者也，其形若袍，短身而广袖。一曰，左衽之服也。”

综合这些注释，可知“袴褶”是两截式的戎服、骑服，其上衣既短，则下面的袴身必长。为了顾及事实上的需要，此袴的裆部在此时不能不加以缝合。袴、裤同音，袴发展到此地步，其字义方才能与今日的裤字无大差别。

《唐书·归崇敬传》："崇敬授主客员外郎复兼修撰，代宗幸陕，召问得失。时百官朝朔望皆服袴褶，崇敬非之，建言三代逮汉无其制，隋以来始有服者，事不稽古，宜停。诏可。"按《资治通鉴·隋纪》，隋炀帝时始命百官经常服袴褶以随行幸，到了唐代，竟然成为百官的常服，无怪归崇敬要以为非宜了。但袴褶既然曾经长时间地被视为官员常服，则缝裆的袴必然也会因习惯着用而日渐普遍起来。裤子的历史演变至此，大致已可说是蜕化完成了。不过，在吴越战争的时代，这种长裤总是不可能在中国社会流行的。

火牛城遗迹

公元前二七九年，田单在即墨城外以火牛阵大破燕军，乘胜尽复齐城七十座，再造齐国。这个有名的“田单复国”故事，近来由于“毋忘在莒”运动的推行，久已为大家所耳熟能详。只是，其中有一点或许是容易被大家所忽视的——当年田单坚守不屈的即墨城，是否便是现在的即墨城呢？

山东半岛胶州湾的北端，有即墨县。此县与当年田单抗燕的即墨城同名而不同地。田单以火牛阵破燕的即墨古城，其遗址在今即墨县西北方约一百里，平度县（现已改为平度市）的境内。

据《即墨县志》卷一《建置志》，现在的即墨县城，始建于隋文帝开皇十六年（596年）。在此以前，当地没有任何城邑。在开皇十六年建立起来的即墨县，其辖境兼有汉代的不其、壮武、皋虞三县之地。县城西北一百里，有古县，旧志亦作古岘，俗名康王城，当年田单以火牛阵大破燕兵的地方，就在这里。《即墨县志》的叙述简略，要想详细知道火牛城的遗址情况，需要另看平度县的志书。

平度县，在明清时为平度州。《平度州志》卷二十三《古迹考》引《太平寰宇记》云："即墨古城，在胶水县东南六十里。"复引《齐乘》云："正田单火牛城也。"《太平寰宇记》所说的胶水县，乃是汉代胶东国所属的八县之一，其故址即今平度县城。而胶东国的都城，则正是当年田单破燕的即墨古城，当时为即墨县。平度县距今即墨县一百六十里，即墨古城在今平度县东南六十里，即墨县西北一百里。翻检申报馆所出的中国地理新图，在即墨县的东北方与平度县接壤之处，赫然有地名曰"古岘"，盖即是二县志书所说的即墨遗址所在。

即墨古城何以有康王城之名？据《平度州志》，汉武帝封其弟寄为胶东王，卒谥康王。即墨古城旧为王都，故俗名此城为康王城。州志又引张雁宾之说云："即墨之名古矣。即，近也，城临墨水，故名。墨水发源于平度州东墨山下。"检查《平度州志》所附地图，州境之东界有小姑河，河西有龙虎山、岩山头、云台山，三山各发源溪流一条，于古县社附近合流为一，称墨水河。南流至二贞台附近，与小姑河合流。在小姑河与墨水河之间，宽约十里的夹河地带内，有康王城。《平度州志·沿革志》云："齐始置即墨，为下都。秦改置即墨县。汉为平度、卢乡、即墨、胶水四县，又为侯国，即墨为王都。王莽置郁秩郡。东汉于郁秩故地置胶东县，与即墨并为侯国。元魏并胶东入即墨，为长广郡治，更即墨为长广县。北齐废长广县。隋更长广郡为胶水县，另于不其县北今即墨城所在地建即墨县城，由是古即墨城遂废。"由这里所叙的沿革大略来看，田单复燕时代的即墨城，自汉至魏，均为即墨县治所在。元魏改即墨县为长广县，北齐又废长广县，至隋时复置即墨县，新建的即墨县城却不在旧时的即墨城所在，而且相去有百里之遥。即墨古城，至此始废，其时间约在田单复齐之后的八百七十多年。

古即墨城，据《平度州志》云："其旧址尚有存者。"但此城到现在是否尚有遗址可寻？是否可由残存的遗基查明城址的宽广深厚等有关建筑资料？由于原书未曾说明，笔者无从悬揣。所能从地图上看出来的是：此一古城的遗址所在，西北面有群山带绕，东西则两河夹峙，地势既高，又有天然形胜，自必较易守御。而由"城临墨水"四字推想，此城的西面城墙，可能便是临水构筑。这在历史小说家写作田单复国的故事时，颇有参考之用。当然，用来作为编写电影故事的参考，也是一样有用的。

在即墨古城的西北面不远，另有一个“乐毅城”遗址。《平度州志》引《太平寰宇记》云：乐毅城，在即墨城北。据史书记载，乐毅攻田单，筑此城。《齐乘》因之，但乐毅、田单传皆不言此事。《莱州府志》以为世传此城为乐毅所筑，故名。今其地名故县，犹有土基云。参考《平度州志》所附地图，乐毅城的位置，在即墨古城的西北，中隔墨水河，相去数里。据史书所记，乐毅在攻即墨不下之后，便对即墨改采守势，然则此城之筑，一则用以自守，一则对即墨城遥相监视，事实上有此需要。可惜有关此城的建筑资料，亦如即墨古城一样地茫无可稽，只好有待考古家们的研究了。

除了上述二处遗迹之外，据《平度州志》所载，在州境所发现的古代遗物，尚有齐国时的即墨城货币——即墨刀。这种形如刀状的古即墨城货币，有数种不同的文字形式。其形体大小则约有五寸许长（周尺五寸约合今尺三寸半），上宽约一寸，下宽约七分，正反两面俱有文字。正面的文字，有“即墨邑之法货”、“即墨之法货”、“即墨法货”三种。背面的文字，则有“右安邦”、“十左”、“十货”、

“十法甘”、“十日”、“三十上”、“十下”、“九”、“大”等十数种之多。面文四字的，更有两种或遍体作鳞纹，或面上突起一钉，各不相同。由这些遗物可以知道，战国末年，各国虽或间有圆形的货币流行，但即墨城所通行的法定货币，却仍是这种较为古老的“刀”。

由即墨刀正面所写的“即墨邑之法货”六字，更可以连带想到另一问题——即墨城的地位问题。《平度州志·沿革志》，谓即墨在齐时为齐国的下都。《左传》鲁庄公二十八年云：“凡邑有宗庙先君之主日都，无谓邑。”所谓下都，当相近于后代的行都、陪都之类。《孟子·公孙丑章》曾记述孟子对齐王所说的话道：“王之为都者，臣知五人焉，知其罪者，唯孔距心。”距心时为平陆宰。平陆下邑，亦可称都，由此可知齐多下都。因此，《平度州志》引述田单在《战国策》中所说的“宗社亡矣”那句话，认定即墨既有宗社，必为齐之下都。但即墨刀的正面文字既称即墨为“邑”，即墨究竟是不是齐国的下都，也诚然很可研究。若果是下都，则城中必有宗庙，这也是写作田单复国故事的历史小说家们可以取材的地方哩！

从西施说起

提起“西施”，恐怕连小学生都知道，她便是吴越争霸故事中被范蠡发掘了出来贡献于吴国，借以蛊惑吴王夫差，断送其江山的苎罗村浣纱女郎。多少年来，这一故事已一再被改编成戏剧并搬上银幕，使得西施久已成为家喻户晓的人物。但是，传说中的古代美人西施，究竟是否与吴越战争有关？越王曾否以“进美”之法遂行其灭吴的阴谋？研究了史书的记载，这些恐怕都不无问题。

传说中的吴越争霸故事，都以为越王勾践在兵败之后曾被拘吴国，迨得释回国，就以十年生聚十年教训的决心，努力发愤图强，以求湔雪会稽之耻。为此，他采用了大夫文种所进的“七策”，其中第四策是“遗之美女，以惑乱其心志”。苧罗村的浣纱美女西施和郑旦，就是这样被发掘出来而进献给吴国的。夫差为美色所惑，果然沉湎酒色，荒废国政，又不恤民力，大起宫室，终至民怨国穷，为勾践制造了报仇雪耻的机会。这故事虽然能强调勾践力胜强敌之不易，但也暴露了求胜手段之阴险卑鄙。事实上，这些内容，都不见于较早的史书。

吴越争霸，时在春秋末年。春秋战国时期的史籍，在秦朝统一天下之后被焚弃殆尽，留传到后世的，只有《春秋左氏传》、《国语》、《战国策》等书。司马迁作《史记》，就因为文献缺略，苦于无法将这一时期的史事记述完全。以上这些史籍记述吴越争霸的故事，中间并没有“献美”一段。直到东汉时，赵晔作《吴越春秋》，及不知名人托名子贡作的《越绝书》出世，方才具体而详尽地记述了勾践在灭吴以前所计划的种种阴谋。但其时间已“去古甚远”，可信的价值并不太高。

《国语》卷二十《越语》上，记越王于会稽之败后，努力从事于生聚教训，到了实力足够强大的时候，“乃致其众而誓之曰：寡人闻古之贤君，不患其众之不足也，而患其志行之少耻也。今夫差衣水犀之甲者亿有三千，不患其志行之少耻也，而患其众之不足也。今寡人将助天灭之。吾不欲匹夫之勇也，而欲其旅进旅退也。进则思赏，退则思刑，如此则有常赏。进不用命，退则无耻，如此则有常刑。果行，国人皆劝。父勉其子，兄勉其弟，妻勉其夫，曰：孰是君也，而可无死乎？是故败吴于囿，又败之于没，又郊败之。”又卷二十一《越语下》，记勾践屡次与范蠡讨论乘虚伐吴的时机，范蠡都以为时机尚未成熟，须待天时人事皆有可乘之时，方才全力下手。这都说明了勾践所用以胜吴的，不过是抚循人民、激励士气、严明纪律、约束部伍、待时乘势，然后大举进兵。他所赖以成功的机会，是夫差志在争霸中原，劳师疲兵，而后方空虚，乃予勾践以可乘之机，其间并没有美人计及西施、郑旦的踪迹。《国语》所记载的，已较《左传》详尽得多。司马迁作《史记》，对这一段史实亦略而不详，大概还是由于文献无征之故。

西施之被添入吴越争霸故事中，始于《吴越春秋》。此书的卷九“勾践阴谋外传”说，越王勾践十年二月，勾践不能忘怀复仇雪耻，会集群臣，商议灭吴之策。诸臣皆不能对，只有计然推荐大夫文种，请勾践加以重用。于是文种提出了他的灭吴“九术”，说：“一曰尊天事鬼以求其福；二曰重财币以遗其君，多货贿以喜其臣；三曰贵籴粟槀以虚其国，利所欲以疲其民；四曰遗美女以惑其心而乱其志；五曰遗之巧工良材，使之起宫室以尽其财；六曰遗之谀臣使其易伐；七曰强其谏臣使之自杀；八曰君王国富而备利器；九曰利甲兵以承其弊。”以上九术，先后见之运用，于是越国年年丰收而不被灾祲，又假称岁饥请籴于吴，翌年还之蒸谷，造成了吴国的荒歉。另外则献巨材以使夫差兴建姑苏台，献西施、郑旦以使夫差怠荒国政；而伯嚭见信，伍子胥自杀，亦是越国阴谋运用的结果。这些情节，使得吴越争霸的故事内容显得多采多姿，然而却是前此史籍所不载的。

《史记·越世家》载，越王勾践在灭吴复仇之后，赐大夫文种剑，令其自杀，说：“子教寡人伐吴七术，寡人用其三而败之，其四在子，子为我从先王试之。”文种遂自杀。《史记索隐》引《越绝书》以为当是九术，其内容与《吴越春秋》大致相同。但《吴越春秋》中的九术已尽见施用，这里却说是只用其三，显然互异。又《史记·货殖列传》说，范蠡在灭吴之后归隐为商，以为“计然之策七，越用其五而得意。既已施之于国，吾欲用之家。”《吴越春秋》与《越绝书》的“九术”，大都是欺绐性的阴谋诡计，如何可能用之兴家？既能用之于家，必然就是积极性的富强之术。所以，不论其“用三”或“用五”，其内容必然不与《吴越春秋》及《越绝书》相同。可惜我们现在不能查考出他们的内容，否则，“进美”之说，必定无所立足了。

《吴越春秋》的作者赵晔，会稽山阴县人。考之后《汉书·儒林传》，赵晔在汉明帝永平年间曾从杜抚受经，则赵晔应该是东汉初年时人。以东汉时人追记春秋时事，去古既远，倘使没有新出的史料可以依凭，则他所能做的，不过是根据旧籍加以整理修饰，另外添加一些他所能搜集到的民间传说。推想起来，越王勾践卧薪尝胆的故事，在会稽当地一定流传得很多。但是几百年来相传的口语故事，免不了有添加附会夸张失实的毛病，赵晔一概将它们收在书中，自然难免减低了可信的价值。这些内容究竟是否取材于当地的民间传说，抑或只是赵晔的杜撰呢？事在疑似之间。另外一部《越绝书》托名子贡所作，其内容与《吴越春秋》大致相同，其可信价值亦复不高。

《吴越春秋》说，勾践使相者遍访国中，“得苎罗山鬻薪美女，曰西施、郑旦，饰以罗縠，教以容步，习于土城，临于都巷，三年学服而献于吴。”但是晋人王嘉的《拾遗记》却说，被送到吴宫去的越国美女，“一名夷光，一名修明。”西施与郑旦，夷光与修明，二者并不能证明即是同人而异名。然而后人纂书，却很自然地把她们连在一起了。如唐时所修的《舆地志》、《十道志》便说：“西子姓施氏，名夷光，世居诸暨县苎罗山下。”《诸暨县志》更杂引诸书而张大其词，直接以为西施即是夷光，其故里在诸暨城南苎罗山下的苎罗村，其地迄今尚有浣纱石、西施门、西施坊等古迹。由上面所引的资料，我们可以发现一个问题：即使在汉晋时的民间传说中确有勾践献美的故事，但她们究竟是西施与郑旦、抑或是夷光与修明呢？

《管子·小称篇》："毛嫱西施，天下之美人也。盛怒气于面，不能以为好。"《管子》的作者管仲，生在吴越战争以前二百余年，在那时早就有了"西施"这个美人，可以使人联想到，有绝代美人之称的西施，也许并不就是勾践所进给夫差的那个美女。又《庄子》："西施病心而矉，其里之丑人见而美之，归而捧心。"《孟子》："西子蒙不洁，则人皆掩鼻而过之。"注云："西子，古之好女西施也。毛嫱，亦美人也。"又《慎子》："毛嫱西施，天下之至姣也。"庄、孟、慎虽是战国时人，但他们在说到西施时，从未把西施与勾践灭吴的故事连在一起。这也可以使人猜想，西施确是传说中的古代美女，但这并不就与勾践故事有关。

能够把西施之名与勾践进美故事相连起来的，是《墨子·亲士篇》中的那段话："是故比干之殪，其抗也；孟贲之杀，其勇也；西施之沉，其美也。"西施如何因美而见沉？明人杨慎说，他曾在《修文殿御览》中看到今本《吴越春秋》所不见的逸文中有："吴亡后，越浮西施于江，令随鸱夷以终。"鸱夷即是革囊，这一段逸文可以解释《墨子》中的话，进一步证明越王进美故事中的主角确是西施。

但《史记·货殖列传》又说，范蠡去越之后，“适齐为鸱夷子皮。”范蠡亦名鸱夷，于是，另一种说法又可以将范蠡与西施连在一起，从而编织出另一些故事来。这一点因为已经越出讨论范围之外，暂不具论。

屈大均诗：“苧罗村上女，美者出西家。霸越凭歌舞，亡吴是丽华。素娥空外月，红粉镜中霞。清绝耶溪月，千秋一浣纱。”诗人笔下的西施，是爱国女英雄，是为了国家兴亡而牺牲一己的伟大人物。只是不知道，在霸越亡吴的故事中，果真曾有这样一个人物吗？她的名字果真便是西施吗？

沧桑帝王陵

由于美国的《国家地理杂志》将秦始皇陵寝被发掘的情形作了一次极为详尽的报道，所附的照片又极其清楚而完整，因此国内外的读者都得到了一次大开眼界的享受——原来秦始皇的陵寝中不但建有华丽宏敞的地下宫殿，更有人数极多而制作极精的兵马俑，其大小与真人真马相仿，塑造之精与烧制之美好，更足以使观者由衷地佩服古代陶制技术之高明，与建筑规模之宏伟。但因此一事，也使人连带地想起了一个另外的问题——秦始皇的陵寝素以构筑隐秘见称，数千年来一直无法发现其陵寝之秘密，但至今仍难逃被发掘的命运。然则历代以来的无数帝王陵寝，想来更难逃被发掘之命运了。这当然也是可以一谈的掌故，所以在此撰一短文，作为概括性的介绍。

依照我们中国人的惯例，一个人寿终正寝，总是由他的孝子贤孙为他选定一处风水好的吉地，构筑一座壮观宏敞的坟墓，然后择日安葬，以永垂久远。很少人会在活着时自营生圹，以为百年之后的长眠之地。即使有，这种行为也只是风雅旷达之士所显示的高蹈恬淡，非多数世俗人士所能赞同。然而，古代的皇帝虽然富有四海而贵为天子，他们死后所永远安息的陵墓，却是在他们活着的时候亲自选择地点，又亲自督促营建的。这种作风，似乎与一般人所相信的风水及太岁等的冲克之说相悖，颇不合理，但其事实却确属如此。

中国的古老文字中有一个“椑”字，此字的意义有三，其中的一个解释就是“棺木”。《礼记·檀弓篇》说：“君即位而为椑。”意思就是说，新的国君一登位，就要开始预制棺木，为日后殡殓之用。这种习惯由何而来，不得而知。由于此一意义的引申与扩大，后来就变成了由即位的新君自营“寿陵”之事。历代以来，一贯如此。明人雷礼所撰的《大政记》说：

永乐七年五月，营寿陵于北京昌平县东黄土山，封曰天寿山，命武义伯王通督工。

又，张合所撰《宙载》云：

文皇帝初卜陵，众议欲用檀柘寺基，上独锐意用黄土山，即天寿山也。

明朝的太宗文皇帝，就是以叔篡侄而自立为帝的燕王朱棣，即位后年号永乐。他选择河北昌平县西北的黄土山营建寿陵，是因为相信术家之言，认为此地是永享福禄的“万年吉壤”，所以不但在此构筑陵寝，并且赐名曰天寿山，以冀永邀上天之眷佑。自此以后的明朝历代皇帝，都以天寿山为中心，在其左右选择形胜之地建陵，东西绵延，构成了一个广袤的陵区，总称曰“明十三陵”。而由《大政记》的记述可知，在位的皇帝自建陵墓，通常称之为“寿陵”。到了清朝，虽然这种习惯相沿不改，“寿陵”之名，则被改称为“万年吉地”，以寓吉祥之意。《北陵志略》云：

有清定例，每逢皇帝即位，无论年龄大小，即开始动工修陵，名为万年吉地，不得谓之陵，取其万年吉利之成语，吉祥之意也。俟皇帝驾崩，葬此地时，乃称陵焉。

明清诸帝自营陵寝的风气，并不自明代始。《后汉书·礼仪志》引《汉旧仪》云：

天子即位明年，将作大匠营陵，用地七顷，方中用地一顷，深十三丈。堂坛高三丈，坟高十二丈。……

将作大匠是汉代特有的官名，在秦代称为将作少府，隋唐宋代则称为将作监，其职掌专司宫室、宗庙，陵园、土木之营建。明清两代并无此官，修陵之事，由皇帝指定专人负责。这种制度上的变化虽有古今之异，但其主要的精神始终是一致的：皇帝即位，必营陵寝，在位的时间越久，花费在陵寝上的费用必定越多，建成的陵寝亦必定越加富丽宏伟。远的不说，明朝的神宗皇帝在位四十八年，清朝的高宗皇帝在位六十年，他们二人的陵寝，即明神宗的“定陵”与清高宗的“裕陵”，便以建筑宏伟而宝藏充牣著名。比如慈禧太后所葬的“定东陵”，亦复如此。如其不然，当民国十七年（1928 年）孙殿英盗掘清陵，就不会专对裕陵与定东陵这两处下手了。

明清二代的皇帝陵寝，由于时间去今不远及未经大乱之故，一般尚称完好。若是宋代以前的诸陵，就很难有如此好运。以明清诸帝的陵寝与汉唐以来诸陵相比，明显地可以看出其中的不同遭遇。

照前引《后汉书·礼仪志》的说法，汉代皇帝的陵墓，总面积不过七百亩，陵墓中央所起的墓，面积一百亩，深十三丈而高十二丈。此一规模，若与明代诸陵相比，似乎小得多了。以下试以明朝太宗文皇帝的“长陵”为例，说明其一般情形如何。

顾炎武所撰的《昌平山水记》，叙述“长陵”的建置规模说：

自昌平州西门而北，六里，至陵下，有白石坊一座，五架。又北，有石桥三空。又二里至大红门。门三道，东西二角门。门外东西各有碑，刻曰："官员人等至此下马。"入门一里有碑亭，重檐四出陛。有穹碑，高三丈余，龙头龟趺，题曰："大明长陵神功圣德碑"。亭外四隅，有石柱四，俱刻交龙环之。其东有行宫。又前可二里，为棂星门，门三道，俗称龙凤门。门之前有石人十二：四勋臣、四文臣，四武臣。石兽二十四：四马、四麒麟、四象、四橐驼、四獬豸、四狮子。各二立二蹲，近者立，远者蹲。石柱二，刻云气，并夹侍神路之旁，迤逦而南，以接乎碑亭。棂星口北一里半为山坡，坡西少南，有旧行宫。坡北一里有石桥五空，又北二百步有大石桥七空。大石桥东北一里许，有新行宫。大石桥正北二里，有石桥五空，又二里至长陵。

照上文所说，长陵的范围，如从进入白石坊后的大红门算起，中间所经的神路，长约十里。神路所经之处，有极多的碑亭、石桥、行宫、重门、翁仲、华表等建筑物及石刻的装饰物。然而此尚不是长陵的主要区域。长陵的主要建筑区域，集中于进入陵门处的棱恩门，以及位于棱恩门内的棱恩殿、及宝城、明楼。顾炎武记此，续云：

长陵在天寿山中峰之下。门三道，东西二角门，门内东神厨五间，西神库五间。厨前有碑亭一座，南向，内有碑，笼头龟趺，无字。重门三道，榜曰“棱恩门”。东西二角门，门内有神帛炉，东西各一。其上为享殿，榜曰棱恩殿，九间、重檐、中四柱饰以金莲，余髹漆。阶三道，中一道为神路，中平外墄，其平刻为龙形，东西二道皆墄。有白石栏三层，东西皆有级，执事所上也。两庑各十五间。殿后为门三道。又进为白石坊一座。又进为石台，其上炉一，花瓶烛台各二，皆白石。又前为宝城，城下有甬道，内有黄琉璃瓶一座。旁有级、分东西上折而南，是为明楼，重檐四出陛，前俯享殿，后接宝城，上有榜曰“长陵”。中有大碑一，上书“大明”，用篆，下书“成祖文皇帝之陵”，用楷，字大径尺，以金填之。碑用朱漆，栏画云气，碑头交龙，方趺。宝城周围二里，自殿门左右绕以周垣。

照上文所述，长陵的规制，是以陵墓所在地的“宝城”为中心，向外构筑一长串的殿堂、亭台、门坊，配合神路两旁的翁仲华表及树木，组合成一片风景优美而建筑宏伟的陵园，工程浩大，气象万千。比之汉代诸陵只在圆形大坟的顶端加一坛堂的简单构造，宏伟多了。而且不仅于此，明陵的壮丽宏伟之处，单从上面的文字叙述中尚不足以看出其特异所在，下文再将其三个特点指出，借以觇见其一斑。

第一，长陵入口处的巨大牌坊，全用白石砌建，出昌平州城不远，便可望见此一巨大的白石牌坊矗立于平原远处。此一巨大的白石牌坊，不但其造型极为壮丽美观，坊柱之雕刻极为精美而生动，最特别的地方，还是作为牌坊基层的巨大石板，长一百二十三尺，宽二十八尺，乃是用一整块大白石所琢成，估计其重量，将在一千吨以上。这样巨大而沉重的石板，在古代交通运输极为原始落后的情况之下，究竟是用什么方法由产地运至工地的呢？只此一点，便不能不使人惊叹于古代建筑之气魄，实非后人所能想像，而皇帝的陵寝更有资格作为古代建筑之典范。

第二，长陵之前的棱恩殿，建筑极为弘丽精美。此殿之大体形式及装饰，都与紫禁城内的太和殿相同，丹陛三道，中刻二龙戏珠之状。殿前的石栏，全用白色大理石琢制，洁白无瑕，与金碧辉煌之殿宇相互辉映，益见其庄严气象。殿广二十丈，深九丈，有柱三十二，每柱高三丈，周围约一丈一尺，均用巨大的楠木制成。其工程之伟大与用材之考究，尤其令人惊佩。相传清乾隆时修建禁中宫殿，曾在明陵享殿中取用若干柱木，以致被人讥刺为身犯盗陵之罪，应予流配江南。乾隆皇帝后来六下江南，亦曾以此解嘲云。由此更可知道，明陵所用建材之名贵情形。

第三，圈围在宝城之内的陵墓，其直径有一百零一丈八尺之巨，其宏伟尤足令人叹为观止。

陵墓之露出于地面的圆形坟丘，称为宝城，其下面便是放置棺木的“地宫”。照后汉书的记述，汉武帝陵下的地宫，亦如地面上的宫殿，高有一丈七尺，周二丈。通入地宫的甬道，名为“羡门”，每一门都设有联剑伏弩，借以防范盗墓者之侵入。汉以后的陵墓构造，也大都有此一设备。不过，明代的陵墓基址直径大至一千余尺，下面的地宫必定比汉代陵墓的地宫规模宏大。由明神宗的定陵发掘情形看，其情形确实如此。

明神宗的定陵，陵下的地宫共有前、中、后三间，宛如串连在一起的三个“口”字，每二间中有一条隧道相连，入口处的甬道封闭严密，非特殊技巧无法开启。这显然表示皇帝的陵寝也非常害怕被人盗掘，否则就用不着采用如此严密的防范措施了。然而，自古至今，除了明清诸帝的陵寝被盗掘的情形较少，以及元朝诸帝因丧葬习俗特殊而根本无陵址可寻外，宋辽金以前的历代皇帝，其陵寝几乎都无法逃过被盗掘的命运。其中道理，显然由于皇帝陵墓中的随葬宝物极多，容易为盗贼所觊觎之故。自古以来，皇帝陵寝被盗掘的记事极多，后文所引，不过略举一斑而已，并不足以概括一切。《资治通鉴纲目》载：

光武建武二年九月，赤眉发掘诸陵，取其宝货。凡有玉匣殓者率皆如生，贼遂污辱吕后尸。

赤眉，是西汉末年的农民起义军；所以赤眉所发掘的，乃是西汉诸帝之陵。下文所述，则是东汉诸帝陵寝被掘之情形。《资治通鉴纲目》载：

献帝初平元年三月、董卓迁都长安，悉烧洛阳宫庙官府。又使吕布发诸帝陵及公卿冢墓，收其珍宝。

又同书记唐代诸帝陵寝被掘情形，云：

梁太祖开平二年冬十月，华原贼帅温韬发唐诸陵。

又《大金国志》载：

刘豫阜昌三年，西京士兵卖玉注椀与三路都统。豫疑非民间物，勘鞫之，知得于山陵中。遂以刘从善为河南淘沙官，发山陵；以谷浚为汴京淘沙官，发民间埋窖及无主民墓中物。

刘豫所掘的“山陵”，未说明是那一朝代之物。以事实而论，极可能是北宋诸帝之陵。果属如此，则北宋以前的历代皇帝，其陵寝大概都已被盗掘无遗。至于南宋诸帝的陵寝，则在宋亡之后被元朝的胡僧杨琏真珈所公开发掘，在掠取墓中宝货之外，更将宋理宗的颅骨作为镇魇之用，其手段之残酷，更胜于盗掘历代皇帝陵寝的盗贼。所以然之故，当然是由于人主富有四海，身死之日，随棺殓葬及藏于地宫中的金银器皿与其他珍贵宝物极多，改朝换代之后，他们的陵墓既不能受到当时政府的保护，其不免因厚藏诲盗之故而遭暴民盗贼之发掘，这是必然之理。关于这一点，《吕氏春秋》中就曾有明白的论析，说：

孝子之重其亲者，若亲之爱其子，不弃于沟壑，故有葬送之仪。葬者，藏也，藏浅则狐狸掘之，深则及水泉，故必于高陵之上，以避二害。然而忘奸寇之变，岂不惑哉！民之于利也，犯白刃，涉危难以求之，忍亲戚，欺知交以求之；今无此危，无此丑，而为利甚厚，固难禁也。国弥大，家弥富，其葬弥厚。珠玉金铜，不可胜计，奸人闻之，转以相告，虽有严刑重罪，不能止也。且死者弥久，生者弥疏，弥疏则守之弥怠。藏器如故而守之有怠，其势固必掘矣。自古及今，未有不亡之国也。无不亡之国，是无不掘之墓，而犹皆争为大墓，岂不悲哉？

吕不韦以为富贵人家好为大墓厚葬是可悲之事，诚然不错。远的不说，即以民国十七年（1928年）孙殿英盗掘乾隆帝及慈禧二人之陵墓为例，就明显地是为了觊觎此二人陵墓中的宝藏。论动机、论环境、论事势，件件都与吕氏春秋所说的情形相合，可知其道理确实不错。

乾隆帝及慈禧二陵被盗掘的情形，刘成禺《世载堂杂忆》中有一篇《清陵被劫记》，叙述甚详。今抄录一段于后：

予在汉口，饮于同乡某军长家，席次，谈及孙殿英发掘清代陵墓事。某军长示予以赃物，谓是孙殿英所赠与，所以封吾辈之口也。视其物，一为大东珠十八颗，曰：“此西太后棺中所获也。”一为碧玺一方，曰：“此乾隆某妃棺中所获也。”并知孙殿英部下有某连长，曾参与清陵之役，时方隶属于某军长。予等欲悉其究竟，急召某连长来，当筵详询。”某连长曰：“予时在谭师长部下任连长，守昌平东西陵一带。忽闻奉天军马团长勾合土匪谋变，孙殿英军驰至，击破之，于是宣布戒严，断绝峪口各陵行人往来。自是年四月十五日至二十二日，以火药轰开陵道石门，搜获宝物而去。实则奉军并无叛变之事，盖欲借故肃清奉军，独占利益；并借此戒严，塞断诸峪口，便发掘耳。”连长又曰：“彼奉命掘西太后陵，当时将棺盖揭开，见霞光满棺，兵士每人执一大电筒，光为之夺，众皆骇异。俯视棺中，西太后面貌如生，手指长白毛寸余，有兵士大呼，速以枪杆横置棺上，防僵尸起而伤人，但亦无他异。霞光均由棺内所藏珠宝中出，乃先将棺内四角所置四大西瓜取出。瓜皆绿玉皮紫玉瓤，中间切开，瓜子作黑色，霞光由切开处放出。西太后口中所含大珠一颗，亦放白光。玉枕长尺余，放绿光。其他珠宝，堆积棺中无算，大者由官长取去，小者各兵士阴纳衣袋中。众意犹未足，复移动西太后尸体，左右转侧，悉取布满棺底之珠宝以去。于是司令长官下令。卸去龙袍，将贴身珠宝搜索一空。棺中珠宝尽，再索墓中各处殉葬之物。棺底掀转，现一石洞，中储珍宝亦尽取之。

搜毕，由孙殿英分配兵士皆有所得。贵重大件，用大车载走。”乾隆陵之被掘，此连长实未参与，不知其事。

这一段话虽只叙述慈禧陵墓被盗掘之情形，而据事后奉命前往查勘陵墓被掘情形的清朝宗室宝熙在《于役东陵日记》中所记，则乾隆帝陵寝被掘以后的惨状，与慈禧陵墓被掘情形初无二致。不但墓中所藏一切珍宝及金银器皿被搜刮一空，棺木被掀翻在地，贴身所穿珠衣因被剥去而尸体赤裸，即口中所藏的“含珠”亦被挖去，以致下颏碎裂，肢体残缺，厥状尤惨。权力不可一世的古稀天子及慈禧皇太后，在身死之后竟遭如此惨酷的发尸暴骨的命运，说来诚然可悲，然而这又何尝不是厚藏诲盗所得的结果呢？

由刘成禺所记慈禧陵墓被盗情形可知，慈禧太后在身死二十年之后陵墓被盗，其尸体居然完好未腐，而且还是“面貌如生”。及至珠宝被搜刮一空，尸体暴露棺外，而宝熙等一班清室遗老奉派前往陵地料理善后时，慈禧的尸体则已遍生白毛而且发酵腐烂。由此可知，此前之所以历时二十年不烂，完全得力于棺中珠宝的养护之功。然则汉代帝王后妃在身死之后必用珠襦玉匣为殓，说来诚然是甚有必要的了。刘向所撰《西京杂记》记此，曾说：

汉帝及侯王送葬者，皆珠襦玉匣，形如铠甲，连以金缕。匣上皆镂以蛟龙鸾凤龟麟之象，时谓之蛟龙玉匣。

按，前几年各报刊载河北满城县汉墓出土的某一汉代王侯尸体，周身都用玉石连缀而成的铠甲包裹，学者称之为金缕玉衣，其形制载于河洛出版社印行的《中华历史文物》一书中，殆即是上文所说的“玉匣”；至于“珠襦”则便是慈禧与乾隆帝墓中所见的珠衣了。由此可知，珠襦玉匣乃至随葬的大量珠宝，其目的均在借珠宝之气保护尸体，使其不腐。然则帝王陵墓之所以要用大量珠宝作为随葬之物，虽属厚葬诲盗，却也有其实用方面之目的，殆所谓“情有可原，事非得已”，是欤？

晋人张载曾因洛阳附近的东汉诸帝陵寝被掘殆尽而作诗咏叹，说：

北邙何累累，高陵有四五。借问谁家坟？皆云汉世主。恭（安帝陵）文（灵帝陵）遥相望，原陵（光武陵）郁膴膴。季世丧乱起，盗贼如豺虎。毁坏过一抔，便房启幽户。珠柙离玉体，珍宝见剽虏。园陵化为墟，周墉无遗堵。蒙笼荆棘生，蹊径登童竖。狐兔窟其中，萌隶营农圃。昔为万乘君，今为邱山土。……

诗人的感触虽然令人心恻，然而却正写出了历劫沧桑的残酷现实。由宋代以前历朝皇帝的陵寝无不在后来被盗掘的情形而言，明清两代的诸帝陵寝，能够保持相当程度的完好，应该算是很幸运的了。

滕王阁与王勃的《滕王阁序》

江西省的省会南昌城，位于章江（即赣江）的东岸，隔江西望，便是有名的西山，面山带水，形胜极佳。当地旧有所谓“八景”，名为：西山积翠、南浦飞云、徐亭烟树、滕阁秋风、铁柱仙踪、洪崖丹井、章江晓渡、龙沙夕照。八景中的五景，都是在这面山带水的山水形胜之间，滕王阁则在南昌西城外的章江广润二门间，尤富于传奇性的掌故，是唐代初年的大文豪王勃撰写《滕王阁序》的故事。

《唐摭言》卷，记此云：

王勃著《滕王阁序》，时年十四。都督阎公不之信。勃虽在座，而阎公意属子婿孟学士者为之，已宿构矣。及以纸笔巡让宾客，勃不辞让，公大怒，拂衣而起，专令人伺其下笔。第一报云："南昌故郡，洪都新府。"公曰："是亦老生常谈。"又报云："星分翼轸，地接衡庐。"公闻之，沉吟不言。又云："落霞与孤鹜齐飞，秋水共长天一色。"公矍然而起，曰："此真天才，当垂不朽矣。"遂亟请宴所，极欢而罢。

自王勃作《滕王阁序》以来，历时一千三百余年，《滕王阁序》中的"落霞与孤鹜齐飞"一联固传诵弗衰，此一故事尤其脍炙人口。因为据《唐摭言》所说，王勃此时年止十四岁，一介童子，慧敏如此，岂不是文学史上的一项佳话？故而一千三百余年以来，阁以文传，人以文名，自唐代迄今，凡是读过《滕王阁序》的人，差不多没有人不知道这一有名的文坛佳话，从而亦使滕王阁的大名永垂千古。但在事实上，《唐摭言》所说，是颇有问题的。清人姚大荣论此，曾说：

勃此序脍炙艺林，士人束发受书，罕不诵习。然但赏其文辞之工，于勃作序之年，并撰述宏旨，率未深考。勃虽早慧能文，其十五以前，涉世尚浅，安乐忧患，未经阅历，虽有天才，凭虚结撰，言不由衷，安能诣极？籀绎此作，虽一时饯别，即席命笔，而感遇摅怀，有无穷悼叹保全晚节之悔心。……此序之作，实在勃三仕三已之后……

姚大荣所论，着眼于此序之感怀深刻，不可能出于十四岁童子的阅历与世故，其说甚为有理。按，《新唐书·王勃传》云：

王勃，字子安，绛州龙门人。六岁善文辞，九岁得颜师古注《汉书》读之，作指瑕以摘其失。麟德年间（664—665年），刘祥道巡行关内，勃上书自陈。祥道表于朝，对策高第，年未冠授朝散郎。数献颂阙下。沛王闻其名，召署府修撰。论次平台秘略。书成，王爱重之。是时，诸王斗鸡，勃戏为文檄英王鸡，高宗怒曰："是且交构。"斥出府。勃既废，客剑南。尝登葛愤山旷望，慨然思诸葛亮之功，赋诗见情。闻虢州多药草，求补参军。倚才陵藉，为僚吏共嫉。官奴曹达抵罪，匿勃所，惧事泄，辄杀之。事觉，当诛，会赦除名。父福畴，繇雍州司功参军，坐勃故，左迁交阯令。勃往省，渡海溺水，痵而卒，年二十九。

此传中虽然未曾指出王勃是否曾于十四岁时因道出南昌而作过《滕王阁序》。但《滕王阁序》中既有"家君作宰，路出名区"的话，则王勃之因路过南昌而作此序，当与其父福畴之"作宰"一事有关。就此一线索探究，约略可以窥知王勃作此序时的实在年龄究有几何。

中国在宋代以前，湖广与广西一带都未经充分开发，广东与福建二省，亦犹被中原人士视为烟瘴蛮貊之地。由唐代的政治中心——长安与洛阳——前往闽广，江西的南昌，乃是必经之地。其所取的路线，大致是由长安（或洛阳）东出郑州、开封，经通济渠入邗沟，取道唐代的漕运路线，由淮阴至扬州，然后涉长江，入鄱阳湖，至南昌。这一带所经，都是水程，安稳便捷。到达南昌后，向东南，经抚州及建昌府，度杉关，可至福建之邵武府，由闽江顺流而下，至福州，是为入闽之路。由南昌向南，溯赣江而行，至南安府起陆，度大庾岭之梅岭关，可至广东之南雄，然后亦可顺北江而下，至广州，是为入粤之路。

王勃因“家君作宰，路出名区”，而由长安洛阳前往南昌，推测其所到之地，当不出闽粤二省，或者更在广东以南的交阯（今安南）。但由长安及洛阳往福建，在到达扬州后亦可由镇江折而东南，由苏州、嘉兴而至杭州，然后溯钱塘江至衢州，过玉山，至江西之广信府，再由广信府向南至铅山，逾武夷山至福建之崇安县，沿闽江之另一支流至建宁府、延平府，亦达福州府。

此路途程较短，所经大部分亦是水程，取道于此者不在少数。所以，若由长安洛阳南向而至于路出南昌，十有八九是前往广东的。王勃之父福畴本任雍州司功参军，因坐王勃杀官奴曹达之罪降谪交阯令，交阯在广东的极南端，由长安前往交阯赴官，南昌自为必经之路。《新唐书·王勃传》说，王勃后来因往交阯省视其父而致渡海溺死，时年二十九岁。而照《唐摭言》所说，王勃路经南昌写成此《滕王阁序》时，年止十四岁；而王勃这一次路经南昌的原因，又是因为其父在南昌以南的地方作县令。那么，这其间就有太多的巧合了。第一，王勃之父福畤曾有两次在南昌以南的广东等地服官；第二，王勃因随同父亲或往父亲任所省亲而两次道出南昌。古代交通不便。由长安、洛阳经南昌而往广东，路途万里，费用浩大。往来一次，已不寻常，而王勃居然一番随侍，一番省亲，这事情也未免显得太不寻常了。何况广东、福建二省在唐时犹被人视为烟瘴蛮貊之地，服官其地，多因降谪。王勃之父福畤至于两次谪官广东，其事亦更不寻常。

现在通行的版本《王子安集》，仅十六卷。但根据前人的考证，《王子安集》在宋人马端临编撰《文献通考》一书时，尚有二十卷，所缺少的四卷，当是在宋代以后所亡佚。近人罗振玉曾辑得《王子安文集》的佚文数篇，收入他所撰的《永丰乡人杂著》。由罗振玉所辑的王勃佚文看来，王勃在他父亲贬官交阯之后前往广东，似乎并不是由于“省亲”的原因。

《王子安集》佚文之一，《过淮阴谒汉祖庙祭文》云，“维大唐上元二年，岁次乙亥，八月壬申朔，十六日丁巳，交州交阯令等，谨以清酌之奠，敬祭汉高皇帝之灵曰：承睿命而述职兮，发棹洛阳。……”由这一段文字可以知道，王勃在唐高宗上元二年（675 年）途次淮阴时，同行者尚有其父“交阯令”福畤，其旅途之出发点则是洛阳。其下续云：“敢陈俎席，敬列壶觞，庶皇神之下照，俾年寿之克长。愿假力以弘道，期功遂而效彰。扬清节于外域，答君恩于此堂。……”

由这一段文字可知，王勃代其父福畤作此祭文之目的，除了祈求神祐，克享年寿以外，更要振扬清节，借报君恩，然则他之所以由洛阳来到淮阴，必定是甫经贬官而由此前往交阯赴任的。王勃文集中有一篇《春思赋序》，中云：“咸亨二年，余春秋二十有二。”咸亨二年即公元六七一年，上元二年即公元六七五年。以此推算，王勃在上元二年随同其父福畤由洛阳贬官，途出淮阴时，年已二十六岁。至于他在这一次的旅行中，是否曾经更出淮阴向南，则在王勃文集及他的佚文中仍可寻得有关的答案。

《王子安集》佚文，载有子安族翁承烈由扬州写给他的一封信，说：“闻吾宗粤自中州，随任南徼。”又说：“乙亥年仲秋月廿有九日，万言使至。”由这两句话，可以知道两点事实：第一、王勃在上元二年（乙亥年，675 年）随父由洛阳至淮阴，乃是随同赴任；第二、王勃在这年八月十六日到达淮阴，八月廿九日又由淮阴到达扬州。王勃文集中另有一篇《銮鉴图铭序》，说："上元二年十二月，将之交阯，旅次南海。"

南海，当是广东省的南海县。据此，王勃在这年八月廿九日到达扬州之后，十二月间已到广东之南海。由扬州至广东，江西省的南昌，是必经之路。由旅程时间推算，其到达南昌的时间，约是这年的九月。我们由王勃文集及佚文中所能考见的王勃行止，可以确定他在上元二年的九月间，曾因"家君作宰，路出名区"，而到过江西的南昌府。除此之外，无其他佐证，可以确定他另外亦有一次途经南昌的事实。

《新唐书·王勃传》，并未说到王勃十四岁作《滕王阁序》的事。可知《新唐书》的作者宋祁亦不相信王勃十四岁时能作此序的说法。

清人俞正燮为了要调和其中的矛盾，曾说："盖乾封、总章时，宇文节住新州，勃随父福畤往交阯，俱过洪州，阎饯之阁上，孟学士、王将军皆在座。其后上元二年，勃又往交阯，渡海坠水。……"王勃生于唐高宗永徽元年(650年)，在乾封、总章年间约二十岁左右。俞氏此说，无非因王勃十四岁作《滕王阁序》之说与他父亲福畤往交阯做官的时间有冲突，所以隐为之弥缝。殊不知王勃之父福畴贬官交阯的时间便在上元二年（675 年），王勃随父赴任，在渡海时溺水身死，并没有先则随父赴官，再于上元二年前往省探之事。所以，通过各种因素观察，王勃随父赴官，道出南昌，及在南昌应邀写成这篇脍炙人口的《滕王阁序》，都是发生在唐高宗上元二年内的事。这一年，王勃已二十六岁，且已屡经颠踬，历经忧患，序中所发抒的悼叹感慨，无一不是他本人的情感遭受多次挫折之后所触发的自然感怀，与姚大荣所质疑的各点均相符合，可以信为事实。

姚大荣说："勃自十四岁知名，而序中'童子何知'一语，最易混视。定保生于唐末，去勃之时已二百余年，因勃早慧能文，故附会以成曲说也。"他以为王定保所撰的《唐摭言》是因为王勃十四岁即有文名，兼因《滕王阁序》中有"童子何知，恭逢胜饯"的话，故而附会成说，以为王勃作《滕王阁序》时年止十四岁，所论诚为有见。然则《滕王阁序》中王勃以二十六岁的成人而自称"童子"，究竟如何解释呢？

近人高步瀛作《秋日登洪府滕王阁饯别序注》，引《左传》范文子斥其子士匄"童子何知焉"，及《晋语》范武子斥其子文子"尔童子而三掩人于朝"的两个典故，说明当范文子斥其子士匄时，士匄年已三十岁左右，范武子责文子时，武子已请老，文子亦已四十余岁。高氏的结论说："是不必十三四岁始得称童子"。何况当时王勃随侍其父福畤，自称童子，正为理所当然。所以，这一个疑窦，也是早已被人解明了的，可以无须再多事辞费。

不过，尽管王勃在写作《滕王阁序》时已不止十四岁，而由于故事的流传，此一传说早已深入人心，滕王阁的大名，也因此而永垂不朽。自唐代以来，滕王阁虽已几度倾圮，后代的人为了保存这一不朽名迹，已经不止一次地设法重建。追溯这一段历史，也可算是滕王阁故事中的另一掌故。

光绪重修《南昌府志》卷七："滕王阁在章江广润二门之间，唐显庆四年滕王元婴都督洪州，营建此阁。迨落成而滕王之封适至，因以名之。"王勃作滕王阁序在上元二年（675 年），距此阁之成不过十余年，序中所描写的滕王阁风光，当是此阁当年的本来面目。自此以后，至唐宪宗元和十五年（820 年）及宣宗大中二年（848 年），此阁曾因倾圮及失火被焚而两度重建。

大中二年（848 年）重建的一次，韦悫曾有记文，说"旧阁基址南北阔八丈，高一丈二尺。阁长七丈五尺，高二丈四尺"。准此以观。则元和以前的滕王阁，计有台基及正阁两部分，合计高度有三丈六尺。大中二年新建以后，"东西增旧规丈有一尺，南北增二丈，上下三层，自地至屋极，凡增九十余尺。”语见宋徽宗大观二年（1108 年）范坦重建滕王阁时所作的记文。由此看来，旧时的滕王阁本身虽然只有一层，此时则已增为三层，高度亦由三丈六尺增至十二丈以上，蔚为巨构。

此外，范坦更在阁之左右各建一亭，左曰“压江”，右曰“挹翠”，“堂皇之峻，丹雘之华，至者观骇”。这当是历代所建滕王阁规模最大与制作最侈的。然而到了宋室南渡之后，范成大过南昌见此阁，却已成为：“其故基甚侈，今但于城上作大堂耳，榷酤又借以卖酒，佩玉鸣銮之罢久矣。”南宋时未闻有重建之举，到了元世祖至元三十一年（1294 年）及元顺帝元统二年（1334 年），方才两度重修，然而其规制已非复昔日之旧了。

元顺帝元统二年（1334 年）重修滕王阁，据虞集所撰记文，“阁之崇为尺四十有四，深如崇之度而广倍之。材石坚致，位置周密。檐宇周敞，丹刻华丽，有加于昔焉。”比较唐宣宗大中二年（848 年）时所建的滕王阁，元顺帝元统二年所重建的滕王阁，规制已小了许多。然而虞集序文中却说是“有加于昔”，想来是针对元世祖至元三十一年（1294 年）时所修的规制而说的。此阁在明太祖洪武年间又告倾圮。至明英宗正统初年，江西布政使吴润在此阁的遗址上筑馆，名为迎恩之堂。

景泰三年（1452年），馆又毁，巡抚韩雍迁址移复，又在堂后筑楼，高三十尺，以期恢复旧日的滕王阁胜迹，而名之曰“西江第一楼”。然而楼与阁当然是有分别的，韩雍为恢复旧日的滕王阁胜迹而建“西江第一楼”，并不能使人惬意。所以，到了明宪宗成化五年（1469年）时，江西布政使翁世资就又将此楼重新修建，“易旧制为阁，高四寻，广倍之，深逾高寻有二尺，周围缭以回廊，人于是复称之为滕王阁。”（见谢一夔《重修滕王阁记》）但翁世资虽能易楼为阁，一则因新阁并非建于旧阁遗址，二则阁无台基，阁前又有一所“迎恩之堂”，一切规制，均已非复当年之旧。其后在明世宗嘉靖及明神宗万历年间数度修建，也仍然保持此一情状。

明清易代之际，滕王阁被兵燹所毁。顺治十一年（1654年），江西巡抚蔡士英重新修复，“定为西向，以揽江山之胜”。然则明代时所移建的滕王阁，甚至连方向都不是朝西的了。王勃诗：“滕王高阁临江渚，佩玉鸣銮罢歌舞。画栋朝飞南浦云，珠帘暮卷西山雨。……”味其诗意，当年的滕王阁似为西向，蔡士英重建，颇能得其遗意。

自康熙至同治年间，此阁又有六次以上的重建纪录。乾隆五十三年（1788年）巡抚何裕城重建，“门庭阶戚台榭廊庑，规制焕然。”但从清代末年所留下的滕王阁纪录看来，外有围墙，左右牌楼各一，一题“檐帷暂驻”，一题“棨戟遥临”，入大门有一大天井，所谓滕王阁者，实为一两层的大花厅而已。但即使是这一形式的滕王阁，当民国十五年（1926年）国民革命军北伐时，亦因军事上的理由而被江西省的军阀当局下令焚毁，以后迄未重建。滕王阁既为南昌的历史名迹，似乎不宜轻易淹没。近年以来，滕王阁早已由江西省政府重新修建成为一座黄鹤楼式的杰阁雄楼，蔚为地方之名胜，惜未能前往登临一观耳。

历代以来，歌咏滕王阁的诗文甚多。如元人虞集诗云：“高阁城头户牖开，江心喜见碧崔嵬。文章谁继三王后，灵气常疑五老来。画角数声南斗落，白盐万斛北风回。洲南先有蛟龙窟，怪得诗成急雨催。”“天寒江阁立苍茫，百尺阑干送夕阳。岁久鱼龙非故物，春深蛱蝶是何王。帆樯星斗通南极，车盖风云拥豫章。灯火夜明湖上雨，隔邻呼酒说干将”。

又如清人朱彝尊诗云：“峻阁峙洪都，凌虚照落孤。荧回穷岛屿，波浪接荆吴。旧地君王赏，分封礼数殊。霓旌千骑入，玉珮几行趋。水泛鱼龙宅，花浓蛱蝶图。星霜歌舞换，俯仰物华徂。迹以三王重，名将百代俱。雄文思往事，高兴亦吾徒。阑槛看如昨，登临信可娱。西山开积雨，南浦散平芜。作赋秦公子，行吟楚大夫。由来凭眺地，襟带有江湖。”

又明人舒曰敬的《滕王阁社业序》云：“有时天宇旷然，波平如掌，上下鱼鸟，恍从镜中飞跃，渔舟画舫，汀草岸沙，共献融怡于槛外，为乐可知。有时烟消日出，红闪半江，夕照乘霞，影成彩翠，而又煽以微风，荡以轻楫，波光析析，以骊龙受骇，抱珠欲浮，凭阑目眩，斯已奇矣。甚则冲飚动地，吹涝倒流，惊涛立而白屋低，飞沫濛而西山失，忽疑晋代仙人，姑息老蛟，令掣铁锁，浴积涎，作成怪状。于是罢酒悸心，暗诧奇绝。……”

上面所引诸诗中所一再提到的“三王”，即王勃之序，王绪之赋，王仲舒之记。韩愈作《滕王阁记》，称之为滕王阁的“三王”，自此遂为典故。但三王所作的文字虽美，对于滕王阁所特擅的登临眺览之美，毕竟是何情状，仍难使读者从文字中得到体验。转不如宋元以来文人墨士所作的诗文，犹可令人依稀想见其仿佛。比较起来，诸作之中，又以舒曰敬所作的《滕王阁社业序》，能以白描的文字使读者恍若置身滕王阁上，远眺江水苍茫，云霞变幻的各种景色，充分领略滕王阁的登临之美。由此看来，滕王阁不仅是江西省会南昌的历史名迹，也确是值得一游的著名胜地哩。

唐玄宗杨贵妃故事新探

唐朝历史上的“玄宗至道大圣大明孝皇帝”，乃是玄宗，俗称为唐明皇。关于他与杨贵妃之间的爱情故事，千百年来，由于小说、诗歌与戏剧的传播，早已家喻户晓，妇孺皆知。在这些文字与戏剧的不断传播之中，无疑又当以白居易的《长恨歌》所发生的影响最为深远而有力。原因是这一篇伟大的史诗不但文字优美、意境深远，而且辞句通俗，明白易晓，读来极易使人产生共鸣作用。因此，唐玄宗与杨贵妃的爱情故事在历史上永垂不朽；而此一故事的本来面目，则因《长恨歌》的夸张描写而变得湮没不彰了。

《长恨歌》全篇，以“汉皇重色思倾国，御宇多年求不得。杨家有女初长成，养在深闺人未识。天生丽质难自弃，一朝选在君王侧”作为起始，一开头就给人一个良好的印象——君王爱美而杨妃绝色，当然是最理想不过的宫廷爱情故事的典型主角。而当爱情故事进入最圆满的境界时，时局突变，皇帝出奔，军人抗命，杨贵妃在抗命军人的压力之下缢死于马嵬坡前。“六军不发无奈何，宛转蛾眉马前死”。“君王掩面救不得，回看血泪相和流。”读《长恨歌》至此，每使人以为唐玄宗身为皇帝而不能庇一所爱之人，这种遭遇，实在是很值得同情的。至于“在天愿为比翼鸟，在地愿为连理枝。天长地久有时尽，此恨绵绵无绝期”。则又是《长恨歌》写明皇在杨妃死后寄其不尽相思于永恒忆念之中，余恨绵邈，荡气回肠，以为唐玄宗与杨贵妃的爱情如此坚贞不渝，而天胡不仁，何以必欲使鸳鸯折翼，赍恨终天呢？在这种意识形态之下，读者大概没有不会寄同情于这一对不幸恋人与不朽爱情故事的吧？而唐明皇之必然被看成一个纯情的皇帝，杨贵妃之必然被看成一个可爱的美人，亦当是无可置疑的了。究其实际，殊不尽然。白居易是唐朝人。唐朝的臣子吟咏本朝皇帝的历史故事，理应隐恶扬善，为尊者讳。所以，《长恨歌》中的描写即使夸张不实，亦为理所当然。但如我们在今天读《长恨歌》而仍然相信其中的不实描写，那就不对了。

唐玄宗在唐朝历史上的评价，大致是毁誉参半，甚至功不掩过。但那是他的责任问题，于此可以不论。我们目前所要探究的，乃是唐玄宗对杨贵妃的爱情，是否果如《长恨歌》所写的那样纯情而真挚呢？因为我们现在就有很多的证据，足以证明唐玄宗之于杨贵妃，似乎以色情的关系居多，而爱情的关系甚少，最显明的一点事实，可以从他早年时期的婚姻与恋爱关系中看得出来。

据史书记载，唐玄宗一生，只正式册立过一位皇后，即是后来被废为庶人的王皇后。她是早年的太子妃。当年在武则天篡唐时，唐家子孙受尽武家子孙的折磨与排挤，唐玄宗几乎逼得要将他的嫔侍堕胎，以免遭武家子孙的迫害。当时，王皇后与玄宗一同吃苦受难，历尽艰辛，可以算得上是玄宗的糟糠之妻了。除王皇后外，玄宗居藩邸时的嫔侍，尚有肃宗之母杨氏、后封丽妃之赵氏、后封德仪之皇甫氏、后封才人之刘氏。杨氏有宠而早死，后来有宠的是赵氏。至于王皇后，则以糟糠之妻而与玄宗同甘共苦，感情甚笃。但曾几何时，玄宗即位做了皇帝，在宫中发现了一个远较杨氏与赵丽妃更为可爱的女人。于是，自王皇后以次的藩邸旧爱，悉皆被视如敝屣。《旧唐书·王皇后传》中有一段小故事，足以反映此一事实。抄录如下：

始，后以爱弛不自安，承间泣曰：‘陛下独不念阿忠脱半臂易斗面，为生日汤饼邪？’帝悯然动容。阿忠，后呼其父仁皎云。

唐玄宗在武则天时代居贫困苦，逢到自己生辰，竟然连做生日汤饼的面都买不起，有赖他的岳父脱下衣服当了钱来应付，这样的日子，岂不是值得永远回忆的吗？俗语有所谓“糟糠之妻不下堂，贫贱之交不可忘”的话，看了上面所引的这段小故事，实在觉得太有道理。然而唐玄宗到了身为皇帝之后，只因另有所爱，便要忍心割弃当年的患难恩情，这样的作为，看来是否令人觉得太绝情呢？然而此正是当时的事实。而且非仅此也，玄宗即位之后，既得新宠，不但王皇后因谗妒而见废，即丽妃诸人所生的太子瑛及鄂、光二王，亦因不能见容于此新宠而惨遭杀害。宫廷爱情故事如此反复无常，看来便不免使我们这样的凡人大为触目惊心了。“后宫佳丽三千人，三千宠爱在一身”，《长恨歌》中描写杨贵妃得宠之专的诗句，移用于此，并没什么不适当之处。这位“三千宠爱在一身”的后宫佳丽是谁？她就是杨贵妃入宫以前逝世不久的武惠妃。

武惠妃在《新唐书》与《旧唐书》中俱有传，称为玄宗贞顺皇后武氏，乃是死后追赠的名号。考其身世，本是武则天的内侄孙女。父名武攸止，武则天时封为恒安郡王。攸止既死，惠妃尚幼，随例入宫。及玄宗即位为帝，则惠妃方当妙龄，一见即蒙玄宗之喜爱，由此宠冠六宫，独蒙殊眷。王皇后之见废，一方面固然由于武惠妃之谗妒，另一方面亦因玄宗有意宠妾远妻，要使武惠妃继立为皇后。这一计划，本可顺利付之实现，只因在玄宗废了王皇后之后有人上疏极谏不可立惠妃为后，才使此事为之搁浅。如其不然，武惠妃的皇后之称，大可不必等到死后追赠了。此疏在《新唐书·武惠妃传》中曾有记载，但删节太多，反不若《唐会要》中所收载的尚较完整。今据《唐会要》卷三《皇后门》所载，摘录其前半段如下：

初，（开元）十四年四月，侍御史潘好礼闻上欲以惠妃为皇后，进疏谏曰："臣尝闻《礼记》曰：'父母之仇，不共戴天。'《公羊传》曰：'子不复父仇，不子也。'"昔齐襄公复九世之仇，丁兰报木母之恩，《春秋》美其义，《汉书》高其孝。陛下既不以齐襄为法，丁兰为戒，岂得欲以武氏为国母，当何以见天下之人乎？不亦取笑于天下乎？非止亏损礼经，实恐污辱名教。又惠妃再从叔三思、从父延秀等，并干乱朝纲，递窥神器，豺狼同穴，枭獍同林。至如恶木垂阴，志士不息，盗泉飞液，正夫莫饮，良有旨哉！且匹夫匹妇欲结夫妇者，尚自拣择，况陛下是累圣之贵，天子之尊乎？伏愿陛下详察古今，鉴戒成败，慎择华族之女，必在礼仪之家，称神祇之心，允亿兆之望。为国大计，其在于兹。

《新唐书·武惠妃传》载此，下有结语云："遂不果立。"可见武惠妃之所以遭人反对，其主要原因，即是由于她是武则天的内侄孙女。按，武则天当年以唐中宗之母而自做皇帝，虽然可以夫妻母子本属一家作为解释，但她在做皇帝前后之践后杀子，秽乱宫廷，实为唐家子孙的奇耻大辱。至于武三思、武延秀等人，则都是武则天的母族。武三思当年曾想借武则天之手篡夺唐祚，其后中宗复位，武三思又与韦后私通，渎乱朝纲。武延秀亦私通韦后，作叛谋逆，与武三思同为一丘之貉。故而潘好礼疏中比之为豺狼枭獍。武家自则天篡唐未成，其子侄辈无时不在密谋覆唐兴武，故其中乱臣贼子特多。其间虽曾由唐玄宗以兵力驱除肃清，拨乱反正，而其余焰未尽，根株尚在。到了此时，由于武惠妃得宠，寖寖乎又有再度复活的情势了。情况如此，怎不令志士忠臣为之灰心短气？亦因为有此一层顾忌，方使唐玄宗知所警惕，不敢公然以武惠妃为后。

即使如此，皇后之位，终惠妃之世，始终虚悬，而武惠妃虽未正位中宫，但她在宫中的礼遇及权势，仍一如皇后。由此可知，在唐玄宗的心目之中，除了武惠妃，谁也不配当这个皇后。武惠妃究竟凭借什么有利的条件足以使皇帝倾心垂爱至此程度呢？这在《新唐书》与《旧唐书》

中虽然都看不出端倪，但她既能得玄宗的专房之宠，又能如武则天一般的践元后，杀太子，使皇帝唯她一人之言是听是从，足证她必定具有其祖姑武则天一般的狐媚手段与狠辣心肠。武则天的前车殷鉴不远，唐玄宗理应以此为戒。而他在获得武惠妃之后的所作所为，竟一如他祖父唐高宗之宠妾灭妻，纵容她一步一步地践后、杀子，觊觎中宫。这除了证明唐玄宗与他祖父高宗一样地无决断、无情义、喜新厌旧、爱好美色之外，还能再说什么呢？唐玄宗之无情义与见新忘旧，在武惠妃死了之后的种种事实表现上，显示得尤其清楚。

武惠妃有二子，其一即寿王瑁。在武惠妃借事陷害太子瑛及鄂、光二王致死后，寿王瑁“子以母贵”，大有继立为太子的希望。只可惜他的福命太薄，就在太子瑛及鄂、光二王被害死之后的几个月，亦即是开元二十五年（737年）的十二月，武惠妃因太子瑛及二王为祟，病死，年方四十。这一来，不但寿王瑁失去了靠山，也使宫廷中的形势大变。寿王当不成太子还不要紧，最糟糕的，还是有人向皇帝献议，寿王的妻子极其美艳，大可作为武惠妃死后的递补之人。皇帝听说此事大为心动，竟然顾不得父子翁媳的伦常关系，真的将杨妃取入宫中，在短时间之内就宠幸异常，其程度甚且远胜杨贵妃刚死不久的婆婆武惠妃。

如果说唐玄宗确实是天生的多情种子，对他所爱的人情有独钟，那么，爱屋必定及乌，他何至于在爱人新死之后，就将他所爱的儿子亦弃之如遗，甚且将儿媳妇也强行取来作为自己的新宠呢？由于这些事情，可以使我们相信，唐玄宗对武惠妃其实缺乏真正的情爱。他们之间的真正关系，应该只是两性之间的欢爱，而并非建筑在心心相印之上的真挚情爱。基于这样的前提，唐玄宗对杨贵妃之“爱”，当亦不能例外。

唐朝官修史书对于唐玄宗取儿媳为妻一事，是有适当的掩饰的。由《唐大诏令集》所载《度寿王妃杨氏为女道士敕》，可以看出当时所作掩耳盗铃的欺人行径。敕云：“至人用心，方悟真宰，淑女勤道，自昔罕闻。寿王瑁妻杨氏，素以端懿，作嫔藩国，虽居荣贵，每在精修。属太后忌辰，永怀追福，以兹求度，雅志难违。用敦弘道之风，特遂由衷之请，宜度为女道士。”

《新唐书·杨贵妃传》直截了当地说出了此一事实的真相：“即为自出妃意者，丐籍女官，号太真。更为寿王聘韦昭训女，而太真得幸。”《长恨歌》对于杨贵妃曾为女道士，且名为杨太真一事，隐约其辞，且假设为天上人间之说，可谓用心良苦。但我们今日读史，应不可为这种人为的烟幕所蒙蔽。

民间相传，每以为杨贵妃是中国有史以来的四大绝色美女之一，与西施、貂婵及王昭君齐名。事实上，杨贵妃是不是真的便是当时的绝色美女呢？揆之实情，似恐未必。

最早记载唐玄宗与杨贵妃故事的文字记录，当推唐人陈鸿所撰的《长恨歌传》与白居易所撰的《长恨歌》。传与歌并行，二者实为一体。陈鸿在《长恨歌传》中写杨贵妃之美，只说她“鬒发腻理，纤秾中度。举止闲冶，如汉武帝李夫人。别疏汤泉，诏赐澡莹。既出水，体弱力微，若不胜罗绮。光彩焕发，转动照人。”凡此所写，似乎杨贵妃之美，全在其丰韵与体态，至于容貌之美，则并非绝色。按，女人之所以为女人，其可爱处往往并不全在她的容貌。容貌之美，必需借仪态丰韵、举止风度等之美相为配衬，否则就不免使人觉得是不完美的、有缺陷的。反过来说，仪态高雅、丰韵绰约、举止大方，而聪慧婉娈的女人，即使她的容貌并非绝色，亦必定可以借此种种之美显出她的艳丽可爱。更何况这样的女人必定十分懂得男人的心理，以其音容笑貌来逗惹男人的爱怜，如何不令人为之色授魂与，惊为极艳呢？由陈鸿的描写文字看，杨贵妃无疑正是这一类型的女人。《长恨歌传》说她在得幸之后“冶其容，敏其词，婉娈万态，以中上意”。更“非徒殊艳尤态，独能致是，盖才智明慧，善巧便佞，先意希旨，有不可形容者焉”。

从上述文辞中可以知道，杨贵妃虽非绝色，却是殊艳尤态而风情冶荡的人间尤物。那一年，杨贵妃二十七岁，正是心理和生理都臻于十分成熟的风信年华。这种种条件都凑合在一起，更加上她有意献媚希宠，自然就很容易地抓住了贪色的唐玄宗，使之甘心成为礼教与名分的叛徒，甘冒新台之丑而不顾。若单由描写的文字看，杨贵妃绝非中国历史上有数的四大绝色美人之一，当是没有疑问的吧。

说到这里，我们对于唐玄宗与杨贵妃之间的爱情关系。当已可有比较正确明白的了解。杨贵妃虽然具备这些足以使唐玄宗着迷颠倒的优异条件，但她既已嫁做寿王之妃，在名义上早已成了皇帝的儿媳妇，唐玄宗如何敢于冒此大不韪，公然命人将她从寿王府中取来作为自己的新宠呢?这一层，似乎又与当时的政治环境大有关系，值得在此提出一说。

宋人乐史所撰的《太真外传》说：“开元二十八年十月，玄宗幸温泉宫，使高力士取杨氏女于寿邸，度为女道士，号太真。”又陈鸿所撰的《长恨歌传》说：“诏高力士潜搜外宫，得弘农杨玄琰女于寿邸。”这两种记载，都说杨贵妃之入宫是由于高力士之搜访，可知杨贵妃之得以上承天宠，主要原因在于高力士的推荐。探究高力士的政治背景，可以使我们发现高力士推荐杨贵妃之原因何在。

高力士虽然只是唐玄宗的一名亲信内监，但其来历大不寻常。《旧唐书·宦官列传》中记高力士之出身，云：

高力士，潘州人，本姓冯，少阉，与同类金刚二人，圣历元年，岭南讨击使李千里进入宫。则天嘉其黠慧，总角修整，令给事左右。后因小过，挞而逐之。内官高延福收为假子。延福出自武三思家，力士遂往来三思第。岁余，则天复召入禁中。

据此云云，则高力士本是武则天跟前的给事使令之人，又与武三思家有密切关系。《旧唐书·李林甫传》中亦曾说到这种关系，云：

因拜御史中丞，历吏、刑二侍郎。时武惠妃爱倾后宫，二子寿王、盛王以母爱特见宠异，太子瑛益疏薄。林甫多与中贵人善，乃因中官白惠妃云："愿保护寿王。"初，侍中裴光庭妻武三思女，诡谲有材略，与林甫私。中官高力士本出三思家，及光庭卒，武氏衔哀，祈于力士，请林甫代其夫位，力士未敢言。玄宗使中书令萧嵩择相，嵩久之以右丞韩休对。玄宗然之，乃令草诏。力士遽漏于武氏，乃令林甫白休。休既入相，甚德林甫，与嵩不和，乃荐林甫堪为宰相。惠妃阴助之，因拜黄门侍郎。

看了上面的这一段记载，恍然使我们领悟到一件事实：

即是武则天、武三思、武延秀这些显赫人物虽然已经倒了下去，武氏家族在唐朝政治上的影响力量仍然很有可观。他们在暗中布置人选出任宰相，以便维护他们的家族利益，而李林甫即是显著的例子。李林甫为相而内有武惠妃为之助，武家的既有权益，当然可借此而维持不倒。等到武惠妃既死，李林甫又已去位，武家的家族利益缺少了主要的护持之人，他们势必要另外物色新人来接替武惠妃和李林甫的缺位，于是他们想到了杨贵妃和他的哥哥杨国忠。杨贵妃和武则天的外家同姓，她能够成为武惠妃之媳、寿王之妻，足以证明她与武家的渊源不浅。而杨国忠则是武则天弄臣张易之的外甥，亦可称是武氏家族的关系人物。杨贵妃具备了比武惠妃更为优异的天赋本钱，以她来接替武惠妃的位置，然后再使杨国忠做宰相，自是武家利益的最有力保障。何况高力士又是出身武三思门下之人，与武家的关系甚深。在如此这般的安排之下，于是高力士在奉了皇帝命令为他物色美貌佳丽之后，并不需广询博访，只在寿王府中一“搜”，就把皇帝的美丽儿媳妇杨氏给“搜”了出来，献之于皇帝。由前述种种情形加以推测，高力士推荐杨贵妃，很可能根本就是一项有计划的安排，其目的在使杨贵妃为武家出力维护其家族利益，兼为此后杨国忠出任宰相铺路。等到杨贵妃和杨国忠先后得宠，武家的既得利益固然安如磐石，唐玄宗自己的江山却从根本上开始腐蚀了。然而那并不是杨家和武家所顾念的事，因为这两个家族一开始就只为他们本身的利益着想，何曾想到有什么国家与社会呢？

从唐玄宗时代的有关人物中仔细探索研究，居然为唐玄宗与杨贵妃的故事寻出这么多的复杂关系，实在出乎意料之外。弄明白了这种隐秘关系之后，可知在这种情形之下被推荐出来的杨贵妃，虽然可称之为当世尤物，但却不一定是一代国色，更不可能是所谓亘古罕见的绝色美女。《新唐书·高力士传》说，高力士娶京师吏人吕玄晤之女为妻，“国姝”也。国姝即国色，用来形容极美之女人。杨贵妃的有关文献纪录中不曾看见以此二字来形容杨贵妃之美，反倒用来形容高力士之妻吕氏，这岂不更可证明，杨贵妃的美貌程度，其实尚不及此吕氏吗？

关于《长恨歌》

——从杨贵妃的故事说起

海外徒闻更九州，他生未卜此生休。空闻虎旅传宵柝，无复鸡人报晓筹。此日六军同驻马，当时七夕笑牵牛。如何四纪为天子，不及卢家有莫愁？

上面所引，是李高隐的《马嵬》七律。此诗咏唐明皇与杨贵妃的恋爱故事，可谓千古绝唱。宋乐史作《太真外传》，清洪昇作《长生殿》，都不过将这种人天永隔、遗恨绵绵的情致，借故事情节的妆点与文辞的藻饰，加以铺叙引申而已。按唐明皇与杨贵妃的故事，在最初只局限于宫闱秘辛之范围，至白居易、陈鸿作长恨歌传模拟汉武帝与李夫人的故事，在歌词中添加了太真死后升天，明皇遣方士踪迹这一段形魂离合的关系，方使整个故事充分具备了浪漫神奇的色彩。李商隐此诗，正是《长恨歌》故事的最佳缩本。故而白居易之作《长恨歌》，可说是《长生殿》之类传奇故事的始作俑者。

《全唐诗》第十六函有白居易戏赠元稹、李绅的诗道：

一篇长恨有风情，十首秦吟近正声。每被老元偷格律，苦教短李伏歌行。世间富贵应无分，身后文章合有名。莫怪气粗言语大，新排十五卷诗成。

诗中极夸他自己所作的《长恨歌》，其得意之情，溢于言表。按元稹为《白氏长庆集》作序，曾谓白居易之诗“禁省观寺邮候墙壁之上无不书，王公妾妇牛童马走之口无不道”。然则乐天之自负自夸，诚无怪其然。《白氏长庆集》中有与元稹书云：“及再来长安，又闻有军使高霞寓者，欲聘倡妓。妓大夸曰：‘我诵得白学士长恨歌，岂同他妓哉！’由是增价。”又白居易死时，宣宗为诗悼之，中有句云：“童子解吟长恨歌，胡儿能唱琵琶篇。”故而一篇《长恨歌》，正是白居易诗中的压卷作。但《长恨歌》中，并非没有可议之处，即如最脍炙人口的“七月七日长生殿，夜半无人私语时”之一段，乃是全诗主旨“天长地久有时尽，此恨绵绵无尽期”的关键所在，其中便大有问题。

陈鸿《长恨歌》传叙此云：“玉妃茫然退立，若有所思。徐而言之曰，昔天宝十载，侍辇避暑骊山宫。秋七月，牵牛织女相见之夕，秦人风俗，是夜张锦绣，陈饮食，树瓜果，焚香于庭，号曰乞巧，宫掖间犹尚之。夜始半，休侍卫于东西厢，独侍上。上凭肩而立，因仰天感牛女事，密相誓心，愿世世为夫妇。言毕，执手各呜咽，此独君王知之耳。”白居易《长恨歌》：“临别殷勤重寄词，词中有誓两心知。七月七日长生殿，夜半无人私语时。在天愿为比翼鸟，在地愿为连理枝。天长地久有时尽，此恨绵绵无尽期。”所叙即此。唐史权威陈寅恪先生论此，指出有两点不可能——一为时间上的不可能，二为空间上的不可能。

根据陈寅恪先生的考证，唐代以前，温泉之浴，旨在治疗疾病，除寒辟风，并非后代习俗的消夏避暑之比。故皇帝临幸温泉，都在寒冷的季节。试检《新唐书》与《旧唐书》的《玄宗本纪》，其驻跸骊山温泉，亦常在冬春二季，从无一次在炎夏季节中临幸骊山的纪录。《长恨歌传》所说，天宝十载（751年）七月七日玄宗与杨妃在华清宫乞巧盟誓，在时间上无此可能。

再查考长生殿之名，《旧唐书·玄宗本纪下》，略云：

天宝元年冬十月丁酉，幸温泉宫。辛丑，新成长生殿，名曰集灵台，以祀天神。

又，《唐会要》，“华清宫条”云：

天宝元年十月造长生殿，名曰集灵台，以祀神。

两书记载并同，可知骊山华清宫内确有长生殿，但系为祀神之用，非寝殿。《唐诗纪事》六十二，郑嵎《津阳门诗》注云："飞霜殿即寝殿，而白传长恨歌以长生殿为寝殿，殊误矣。"又云："有长生殿，乃斋殿也。有事于朝元阁，即御长生殿以沐浴也。"所以寅恪先生说："李三郎与杨玉环乃于祀神沐浴之斋宫中夜半曲叙儿女私情，揆之事理，岂不可笑?"这是说在空间上亦无此可能。

白居易之所以会将华清宫中的长生殿误为寝殿，事因唐代宫中，常将寝殿俗称为长生殿。《资治通鉴》卷二〇七，武后长安四年，"太后寝疾居长生院"条，胡梅磵注云："长生院即长生殿。……盖唐寝殿皆谓之长生殿，此武后寝疾之长生殿，洛阳宫寝殿也。肃宗大渐，越王系授甲长生股，长安大明宫之寝殿也。"只因骊山华清宫之寝殿特名飞霜殿，而又适有专为沐浴祀神用之长生殿，白居易不察，遂有此误。陈寅恪先生说："神道清严，不可阑儿女猥琐。乐天未入翰林，犹不谙国家典故，习于世俗，末及详察，遂致失言。"信然。

唐明皇与杨贵妃既未曾于夏日同往骊山华清宫避暑，华清宫之长生殿又非燕居之地，然则"七月七日长生殿"的故事，岂不是杜撰妆点出来的神话?《长恨歌》与《长恨歌传》，本来是需要合起来看的唐代初期小说体裁。正因为它本是小说中的歌词部分，所以才能任意妆点神话。明乎此，即可知《长恨歌》中所叙的七夕私誓，不可信为实有其事的了。

白居易新乐府中有题为《李夫人》的乐府诗一首，序云："鉴嬖惑也"。此诗可与《长恨歌》参看，借以了解白居易作《长恨歌》之主旨所在。诗云：

汉武帝，初丧李夫人，夫人病时不肯别，死后留得生前恩。君恩不尽念未已，甘泉殿里令写真。丹青写出竟何益，不言不笑愁杀人。又令方士合灵药，玉釜煎炼金炉焚。九华帐深夜悄悄，反魂香降夫人魂。夫人之魂在何许？香烟引到焚香处。既来何苦不须臾，缥缈悠扬还灭去。去何速兮来何迟，是邪非邪两不知。翠娥仿佛平生貌，不似昭阳寝疾时。魂之不来君心苦，魂之来兮君亦悲。背灯隔帐不得语，安用暂来还见违。伤心不独汉武帝，自古及今皆若斯。君不见，穆王三日哭，重壁台前伤盛姬；又不见，泰陵一掬泪，马嵬坡下念杨妃。纵令妍姿艳质化为土，此恨常在无销期。生亦惑，死亦惑，尤物惑人忘不得。人非木石皆有情，不如不遇倾城色。

细味此诗的最后几句，便可知白居易写作此类诗篇，其主旨无非在规箴讽喻，鉴戒女祸之可畏。与《长恨歌传》

之所谓“意者不但感其事，亦欲惩尤物，窒乱阶，垂于将来也”，实为二而一，一而二的事。后人把《长恨歌》当作纯粹的歌词看，更从而评校其结构章法，玩味其描写技巧，又引据了它的内容情节，敷衍成《长生殿》、《太真外传》之类的传奇小说，使得唐明皇与杨贵妃的恋爱故事，几乎家喻户晓，历经千百年而不衰，则又不是白居易始意所及的了。

霓裳羽衣舞

写过了《关于〈长恨歌〉》，虽然已对传说中唐明皇与杨贵妃七夕盟誓的故事略有剖释，似仍感意犹未尽。为的是此类故事还有很多值得讨论的地方，比如在那个时代里极其著名的“霓裳羽衣舞”，即是一例。

陈鸿《长恨歌传》云，唐明皇初次召幸杨妃，“进见之夕，奏《霓裳羽衣曲》以导之。”白居易《长恨歌》云：“缓歌慢舞凝丝竹，尽日君王看不足。渔阳鞞鼓动地来，惊破霓裳羽衣曲。”又《韵语阳秋》云：“霓裳羽衣舞始于开元，盛于天宝。”可知霓裳羽衣舞原是唐明皇与杨贵妃恋爱故事中的特有点缀物。此一舞曲，虽然迄今早已失传，但仅从其字意推想，就能使人直觉地意识到这是一种极其华奢艳丽的宫庭舞蹈，亦正是开元、天宝之世，中国社会极度殷阜时的特有产物。非唐明皇之豪奢不足以语此，非杨贵妃之靡费不足以消受。即使在文献缺乏的今天，所有的论证，依然足以支持这一看法。

《明皇杂录》说，唐明皇曾随仙人叶法善（一作罗公远）游月宫，见仙女数百，素练霓裳，舞于广庭，问知为《霓裳羽衣曲》，归而忆其曲调舞姿，作《霓裳羽衣曲》。唐人刘梦德就根据了这一传说作诗道："开元天子万事足，唯惜当年光景促。三乡陌上望仙山，归作霓裳羽衣曲。"其实则此一故事，根本就是后人的附会，有如"七月七日长生殿"的传说一样，不足采信。

按，《唐会要》卷三十三之"诸乐"条，天宝十三载（754 年）七月十日，太乐署供奉曲名及诸乐名，有"婆罗门改为霓裳羽衣"语。又，白居易《和元微之霓裳羽衣歌》云："杨君创声君造谱。"自注云："开元中，西凉节度使杨敬述造。"然则这种舞曲，当与印度的佛教有关，于开元中，经由中亚、河西一带，辗转传入中国。王灼《碧鸡漫志》云："《霓裳羽衣曲》说者多异，予断之曰：西凉创作，明皇润色，又为易美名，其他饰以神怪者皆不足信也。"唐代乐曲，受外国影响者甚多，文献资料所记如此，王灼的看法，大致可说是正确的。

盛行于玄宗天宝年间的霓裳羽衣舞，到了穆宗长庆年间，已有逐渐不为外界所知的情势。白居易和元微之《霓裳羽衣歌》说："闻君郡内多乐徒，问有霓裳舞者否？答云七县十万户，无人知有霓裳舞。"当时白为苏州刺史，元为浙东观察使。这是说即使如苏浙大郡，也已无人能知霓裳羽衣舞了。自唐末经五代战乱，即曲谱亦逐渐残缺，此舞遂成广陵绝响，无复传世了。推原其故，或者是此舞过分注重于装饰、衣着、姿容，等等，不是一般教坊乐府所能负担之故。这一点，我们在后面就可看到相关的证据。

据史书记载，霓裳羽衣舞凡十二遍而终。官方的文献纪录，仅此而止。关于霓裳羽衣舞的资料，记录得较多的，还是诗人白居易的诗。现在且抄上一段。

白居易《和元微之霓裳羽衣歌》云：

我昔元和侍宪皇，曾陪内宴宴昭阳。千歌万舞不可数，就中最爱霓裳舞。舞时寒食春风天，玉钩栏下香案前。案前舞者颜如玉，不著人家俗衣服。虹裳霞帔步摇冠，钿璎累累佩珊珊。娉婷似不胜罗绮，顾听乐悬行复止。磬箫筝笛递相搀，击擫弹吹声逦迤。（注云：凡法曲之初，众乐不齐、唯金石丝竹次第发声，霓裳序初亦复如此。）散序六奏未动衣，阳台宿云慵不飞。（注云：散序六遍无拍，故不舞也。）中序擘騞初入拍，秋竹竿裂春冰坼。（注云：中序始有拍，亦名拍序。）飘然转旋回雪轻，嫣然纵送游龙惊。小垂手后柳无力，斜曳裾时云欲生。（注云：四句皆霓裳舞之初态。）烟蛾敛略不胜态，风袖低昂如有情。上元点鬟招萼绿，王母挥袂别飞琼。繁音急节十二遍，跳珠撼玉何铿铮。（注云：霓裳舞曲十二遍而终。）翔鸾舞了却收翅，唳鹤曲终长引声。（注云：凡曲将毕，皆声拍急速，唯霓裳之末长引一声也。）……

由此诗所述，我们可以对“霓裳羽衣舞”得到如下一些概念：

一、此曲凡十二遍，分为两部分，前六遍有曲无舞，谓之散序，后六遍有曲有舞，谓之拍序。

二、此舞之服饰极其华丽。舞女所著的舞装，是虹裳、霞帔、步摇之冠。冠上缀有甚多的翠钿璎珞，莲步才移，摇曳生姿，而环佩叮当，铿铮有声。《碧鸡漫志》引唐人说部，谓“宫妓佩七宝璎珞舞此曲，曲终珠翠可扫。”又诗云：“贵妃宛转侍君侧，体弱不胜珠翠繁。冬雪飘飘锦袍暖，春风荡漾霓裳翻。”由“珠翠可扫”、“珠翠繁”及“珠玉铿铮”之类的字面，可以想见其华奢绮丽之一斑。

三、此舞纯以舞姿美妙及动作缓慢为特征。如所谓“飘然转旋回雪轻”四句，可以想见其旋律之轻盈缓慢；而衣裾摇曳，风袖低昂，诗人白居易至比为天上的仙人许飞琼、萼绿华，更可知其舞姿之美妙绝伦了。白居易曾有《早起发洞庭舟中作》：“出郭已行十五里，唯销一曲慢霓裳。”他在这里特别拈出“慢”字，与《长恨歌》中“缓歌慢舞凝丝竹”一句相参看，便可知道他在《长恨歌》中所写的，也正是这“慢霓裳”。

四、此舞舞曲将终，必长引一声，以为结束，术语谓之“破”。白乐天《卧听法曲霓裳》诗云：“宛转柔声入破时”，又前引诗注中有云：“霓裳破凡十二遍而终”，可知《霓裳羽衣曲》又名《霓裳破》。《长恨歌》用“惊破霓裳羽衣曲”语，这“破”字不但是霓裳曲的术语，亦含有破败惊散之意，一语双关，妙趣横生。倘使不了解此一“破”字的含义，亦就不能体味其用语之妙了。

《太真外传》说，明皇宴诸王于木兰殿，杨贵妃于醉中舞霓裳羽衣一曲，天颜大悦。此说颇有相当根据。因《旧唐书·杨妃传》中就曾说：“太真姿质丰艳，善歌舞，通音律。”又白居易《新乐府》云：“天宝季年时欲变，臣妾人人学圆转。中有太真外禄山，二人最道能胡旋。”胡旋舞虽与霓裳舞不一样，但均由中亚传入中国，杨妃既擅胡旋，当然也可能擅长霓裳羽衣舞。后人以此编写小说、戏剧，原来并没有说不通的地方。但如把杨贵妃在霓裳舞中的服饰，描写为“穿着纯白的长裙，拖在地上有一丈多长，披在肩上的长发用鲜红的丝带绾住，腰间系着一条大红宽带，飘开也有一丈多长”，则不但没有丝毫根据，也显得与事实完全不相符合，这倒是需要小说家与剧作家们多多考虑的地方。

桃色陷阱

林曦先生所写的《陶谷绯闻记》，轻松隽永，趣味盎然，乃是一篇极好的掌故小品。只是，林先生说，陶谷身为翰林学士，“既未立功又未立德，到头来却靠一个弱女子扬名立万”，以致因一时荒唐而成了后世浪漫文人的讽刺对象，则未免误解了故事的原意。就此故事的本身看，陶谷所闹的绯闻，分明就是南唐君臣所预设的圈套，有意诱使陶谷落入陷阱，好一挫其虚矫倨慢之气。近人以桃色陷阱诈人钱财，谓之“仙人跳”，陶谷的遭遇，庶几近之，只是对方尚不致如此恶劣而已。

陶谷被诱的故事，《玉壶清话》及《五代诗话》都以为是发生在陶谷出使南唐之时，而《十国春秋》则以为出使之地在吴越；至于龙衮所撰的《江南野史》，虽亦以出使之地为南唐，主角人物却由陶谷变成了曹翰。由于诸说互异，其正确性遂不免令人怀疑。比较起来，同一类型的桃色陷阱，似以《鹤林玉露》所载的韩璜故事，争议性较小。

韩璜当然没有翰林学士陶谷的名气大，但在宋高宗绍兴年间（1131—1162年），也是名重一时的谏官，官拜“司谏”之职。其时，朝廷因广南东路经略安抚使兼知广州的王铁居官不廉，贪声颇著，特令韩璜出任广南东路提点刑狱公事，前往秘密按治。于是乎乃出现了类似陶谷绯闻的另一桩桃色陷阱。

王铁居官贪污，他自己当然十分清楚，一听到韩璜受命前来按治的风声，忧心如焚，寝食俱废，苦于想不出打点应付之计。他的姬妾中有一个出身钱塘娼家的侍妾，闻知此事后说：“韩叔夏外号韩九，当年是我家的老相识。如果来的真是此人，有何可惧？只要主人能多灌他些酒，我便有办法对付他！”

话虽如此说，韩璜品秩虽低，却具有风宪官的身份，身为一路帅臣的王铁未必便能请得动他。果然，当韩璜的座船由韶州南下之时，王铁虽然恭敬地出城郊迎，韩璜却以“宪体”为由，拒不接见。直到入城之后见了面，王铁再三邀请，韩璜方勉强接受。

而王铁的侍妾素知韩璜性好游冶，预先招来广州城中的美貌娼妓，淡妆素服，饰为王家姬侍，于席中歌舞侑酒，备极殷勤。等到韩璜有了醺醺醉意之后，王妾忽于帘中高歌一曲，所唱的正是韩璜当年写赠此妾的歌词。这首曲子勾起了韩璜当年的恋慕情怀，当即希望与王妾相见。而王妾此时，故作姿态，虽不肯出帘外与韩璜相见，却仍向韩璜殷勤劝酒，最后提出了一个要求，说："司谏昔在妾家，最善舞。今日能为妾舞一曲，即当出也。"韩璜此时已有九分多的醉意，听了这话之后，浑然忘其所以，即刻叫人取来舞衫穿起，还在脸上涂粉抹墨，真的打算要为王妾应曲起舞。却不料他的双腿已经不听指挥，踉踉跄跄的刚站起身来，就东倒西歪的躺在地上，醉得起不来了。至此，王妾的目的已经达到，当即命诸娼扶韩璜出门上轿，即刻送回其座船。

韩璜中夜酒醒，周身疲软无力。因为身上所穿的衣服拘绊不便，不懂为何竟与平时的习惯大不相合。他起来对镜子一看，这才看到自己脸上竟还涂抹着粉墨，身上穿的竟也是长袖舞衫。韩璜至此方才完全惊醒，回想自己在大醉之前的种种丑态，知道已经落入王铁预设的陷阱，惭悔交并，无地自容。韩璜连夜吩咐开船，仍由来路回转韶州，再也不敢过问王铁之事了。至于他后来的结局则比陶谷还要糟糕。陶谷不过留下了一个荒唐的绯色故事，韩璜则因此被劾罢官，断送了锦绣前程，可惜之至。

杨家将故事中的潘仁美

先后在报上读到几篇谈论杨家将故事的文章，在说到杨老令公为奸臣潘仁美逼害致死时，颇以为其事并不可靠。据原文作者的看法，潘仁美当然是影射杨业的主帅潘美；但潘美身为北宋的名臣，于理不致成为小说中的潘仁美。若以杨业作战阵亡时的情况看来，在未战之前以言辞讽激，迫使杨业不得不勉强出战的护军王侁、刘文裕，身负应援之责，竟不顾杨业之成败，未战先退，致杨业陷于绝境，其人其情，庶几近似小说中的潘仁美。这种推论，事实上并不可靠。试想，如果陷害杨业致死的，果是王侁与刘文裕，则小说的作者何致要造作一个与潘美姓名极为近似的潘仁美，来影射潘美其人呢？即使仅此一点理由，已可知道，潘美与潘仁美之间，具有极其密切的关系。若进一步考证史实，则潘美的嫌疑更大。所以，潘美非潘仁美之说，很有商榷余地。

在未曾考证史实之前，我们可以另外举出一件事情来作为比较。这一件事情的主角，是晋代的周处。

周处，字子隐，他是传说中“除三害”故事的英雄。在演出了除三害故事之后，他投身于政治，一直做到御史中丞，建威将军，战死于陇西。他的阵亡情形，《资治通鉴》卷八十二有完整的记载，引叙如下：

元康六年夏，以梁王肜为征西大将军，都督雍、梁二州军事。秋八月，秦雍氐羌悉反，立氐帅齐万年为帝。御史中丞周处弹劾不避权威，梁王肜尝违法，处按劾之。冬十月，诏以处为建威将军，隶安西将军夏侯骏，以讨万年军。七年春正月，齐万年屯梁山，有众七万。梁王肜、夏侯骏使周处以五千兵击之。处曰：“军无后继，必败。不徒亡身，为国取耻。”肜、骏不听，逼遣之。自旦战至暮，弦绝矢尽，救兵不至，处遂力战而死。朝廷虽以尤肜，而亦不能罪也。

这一段史文，说明周处战死，实由于梁王肜的公报私仇，故意迫遣周处孤军出战，不发后援，以置之死地。与杨业之战死相比，二人同属孤军奋战，后无救援，及同为主帅所逼遣，情形是很相近似的。为此，北宋大文豪苏辙，便曾写过一首《古北口杨无敌庙》的诗，以二者为比。此诗收入《栾城集》卷十六，云：

行祠寂寞寄关门，野草犹知避血痕。一败可怜非战罪，太刚嗟独畏人言。驰驱本为中原用，尝享能令异域尊。我欲比君周子隐，诛彤聊足慰忠魂。

苏辙生于1039年，其作此首诗时，去杨业之死，时间不过七、八十年。杨业究竟因何而死，苏辙所知道的当然要比以后的人清楚。在他所写的诗中，至以“我欲比君周子隐，诛彤聊足慰忠魂”为言，迫害杨业致死的“奸臣”为何人，直已呼之欲出。此奸臣究竟是谁，以各种条件加以观察，再配合苏辙诗中所指目的人，其人都应是潘美无疑。

《续资治通鉴长编》卷二十，宋太宗太平兴国四年(979年）八月，命潘美为河东三交口都部署以御契丹。同年十一月，始命杨业知代州，兼三交口驻泊兵马部署。

以官制言，“都部署”犹如今日的总指挥，即当面诸军的统帅；“部署”则不过是此一总指挥官属下的一名部将。《续资治通鉴长编》及《宋史·杨业传》都曾说到，杨业在代州时，为主将所恶，至于潜上谤书，斥言其短。史书虽未明记此主将之名，而由时间及隶属关系看，其人应为潘美。因杨业知代州，曾以偏师拊来犯敌军之背，得获大捷，潘美虽为主将，反无实际战功，杨业遂为潘美所忌，深恶之。至雍熙三年（986 年）朔州之战，潘美为三路北伐的主帅之一，王侁、刘文裕为护军，杨业仍隶潘部。及战，曹彬一路先败，潘美一路奉令掩护云朔诸州军民撤退，故杨业反对向当前之敌采取攻击，而王侁、刘文裕乃面责其怯懦，甚至以威胁口吻说："君侯素号无敌，今见敌逗挠不前，得非有异志乎？"处此情况之下，潘美身为一路主帅，当知杨业所言为是。既明知杨业之言为是，而独不出一言以阻止王侁、刘文裕之胁迫，坐使杨业以孤军无援而致覆没，则他的企图与目的，便显然是有意坐观杨业之败，以遂其报复之心。如此行径，与梁王肜陷害周处并无二致。苏辙之所以要以"诛肜"为杨业之慰，显然亦是因深恶潘美之居心邪恶而发。

潘美陷害杨业，从另外的资料记载中亦可以得到若干证明。

光绪年间所修《岢岚州志·杨业妻折氏传》曾说："业战死于陈家谷，潘美、王侁畏罪，欲掩其事。折氏上疏力辩夫力战获死之由，遂削二人爵，除名为民。"杨家将故事中有杨六郎告御状一段，殆即此一事实。这一段事实，史文中并无明白记载，但由《宋会要》所引的一段史文看来，颇可看出其中的端倪。《宋会要》中的"赙赠类"云：

云州观察使杨业，雍熙三年八月，北征阵殁，赐绢布各百疋，粟一十石。

按，《宋会要》曾说，凡观察使卒，例赐钱三百贯，绢布各二百匹，酒五十瓶，羊五十口。杨业因作战阵亡，所得绢布颁赐，不但只有例赠额之半数，又无钱及羊酒。赐赉之薄如此，可知当时必有人捏词中伤，以为杨业之败死，实属咎由自取，丧师辱国，无功有过，故虽战死而薄待如此。再以《宋史·杨业传》稽之，杨业身后恤典，为“赠太尉大同军节度使，赐其家布帛千匹，粟千石。”前后相比，后者显然是谤诬得雪以后之事。故光绪年间所修《岢岚州志》及杨家将故事所记潘美捏辞诬奏，以为自己卸罪之事，实属确有其事。潘美身为主将，既对杨业迫害致死在前，又捏词诬饰于后，几使杨业死蒙不白之冤，其用心卑鄙奸险如此，岂不正是大大的奸臣吗？凡此事实，在北宋时当已为人熟知。否则，杨家将故事的作者又为何将潘美塑造成奸臣型的人物呢？

前人论史，常谓“官史失之讳，野史失之诬。”《宋史·潘美传》不著潘美陷害杨业之事，并不可即以此作为推论的基础，以为潘美不曾陷害杨业。但杨家将故事中所刻画的潘仁美，无疑又是过甚其辞的。去其太甚而酌量其平，庶几是潘仁美的本来面目。所指目之人，应是潘美。

杨宗保与杨文广

一、父子祖孙的关系难明

关于杨家将故事的考证文章，撰者已多。远之如台湾中央研究院院士余嘉锡所撰的《杨家将故事考信录》，卫聚贤所撰的《杨家将考证》，近之如宋史专家李安所撰的《杨家将的事迹》，都是属于比较学术性的专题研究；至于属于一般论述性的零篇短文，就更多了。但是，关于杨家将故事的考证虽多，其中还有几项极重要的问题，始终疑不能明，值得重新探索一番。因此我觉得，撰《杨家将故事新考》，也许不无参考价值。

在几项疑不能明的杨家将故事之中，最使人感到困惑难解的，是“杨六郎”的儿子究竟是谁？《宋史·杨延昭传》中说，杨延昭之子名文广，而野史及杂剧、小说之类则以为延昭之子乃杨宗保，杨宗保之子方是杨文广。这两种彼此分歧的说法，孰可信孰不可信，就是一个很大的疑问。然而，历来研究考证杨家将故事的学者专家们，似乎并不曾切切实实的在这方面下过一番功夫来考定其中的真伪疑难，以致疑案不明，徒然使人困惑不解。

杨延昭的传记，附见于《宋史》卷二七二其父杨业传后；杨文广的传记，又附见于杨延昭之传后。杨延昭与杨文广的父子关系，在延昭传末已有确定性的说明，云：

及卒，帝嗟悼之，遣中官护榇以归，河朔之人，多望柩而泣。录其三子官，其常从门客，亦试艺甄叙之。子文广。

照这一段史文所说，杨延昭共有子三人，杨文广乃其中之一，因为他在事功方面较有成就，所以杨延昭之传后附有杨文广传。这是“正史”中对于杨文广的记述，他与杨延昭之间的关系是“父子”。但是民间所流传的演义小说，以及元人杂剧、平剧等有关杨家将的故事，都不作此说，在通俗小说《杨家将演义》中，杨六郎之子名宗保，娶穆桂英为妻，生子名文广。据此，则杨文广乃杨延昭之孙，杨宗保之子，在文广与延昭之间，还应该有杨宗保这一代在内。这两种说法孰正孰误，就是很值得讨论研究的问题。

二、正史的记载不免有误

照一般的观念，历代正史出于政府之官修，应该是最翔实可信的史著，其实殊不尽然。便以《宋史·杨业传》后的杨延昭附传而言，其中可以列举出来的错误，便有下列二点。

杨延昭的本名是杨延朗，后因宋真宗尊奉玉皇上帝之故，降旨不得斥犯玉皇上帝“玄朗”二字之名讳，故而改名延昭，事在宋真宗之大中祥符五年十月，亦即公元一〇一二年。这一年，杨延昭已五十五岁。由此可见，杨延昭五十五岁以前一直被称为“杨延朗”，到这年十月方改为杨延昭，再过两年，延昭病卒，享年五十七岁。然则他使用杨延昭为名的时间不过只有两年，使用“延朗”为名的时间倒有五十五年。但《宋史·杨延昭传》记述他在真宗咸平三年（1000 年）奉召赴京的情形时，却有如下的文字记载：

召延昭赴行在，屡得对，访以边要，帝甚悦，指示诸王曰：“延昭父业为前朝名将，延昭治兵护塞，有父风，深可嘉也。”厚赐遣还。

此时杨延昭尚未改名，真宗指其人以告诸王，当时的口语必定称之为“延朗”，改为延昭，显然不是当时的真相。而且类似的情况尚不止此。如咸平四年（1001 年）杨嗣及杨延昭并进官本州团练使时，仍名杨延朗，而本传记述真宗与宰相的对话，亦作延昭，曰：“嗣及延昭，并出疏外，以忠勇自效，朝中忌嫉者众，朕力为保庇，以至于此”云云，都是属于同样的错误。这是第一点可以指出来的地方。至于第二点错误，就是咸平四年杨延昭进官本州团练使所涉及的“战功”部分。

据《宋史·杨延昭传》所说，杨延昭在咸平四年由莫州刺史进官莫州团练使，是由于他在咸平三年冬间伏兵截击契丹入寇之军有功，“敌众大败，获敌将，函首以龙。进团练使，与杨嗣并命”。此外则《宋史·王汉忠传》亦说，汉忠在此有击斩契丹寇军之功，“获其贵将，加殿前副都指挥使”。南宋孝宗时，李焘撰《续资治通鉴长编》，怀疑这两条史文所记皆不正确。因为从咸平三年春间至咸平四年春间，宋真宗实录及本纪、会要诸书均无契丹入寇之事，其再入寇在咸平四年之冬，已在杨延昭、王汉忠诸人升官之后，可知其战功系建于咸平二年冬间契丹入寇之时，本传误载为三年，显然不对。因此李焘在《续资治通鉴长编》

中特加改订，以正讹伪。但此事虽经李焘改订明确，而《宋史·杨延昭传》及《王汉忠传》中仍未加以改正，其错误极为明显。这又是可以列举出来的第二点错误。

李焘是南宋初年时的“国史院编修官”、“秘书少监兼实录院检讨官”、“礼部侍郎兼同修国史院修撰”，在史馆多年，习见史馆所藏的历朝实录及官修国史，深知其中的错误原因何在。元人修宋史，不知参考李焘所已曾考证明白的错误，而只是根据宋人所修的国史原文抄录成书，自然不免沿袭其错误而不自知，这就是《宋史》杨延昭及王汉忠诸传不免有错误的原因了。由于有这一种事实存在，《宋史·杨延昭传》所说的“子文广”是否正确，亦就大有商榷研究之余地。

三、延昭、文广之年龄差距

根据《宋史·杨延昭传》的记载，杨延昭卒于宋真宗大中祥符七年（1014年），得年五十七岁，据此推算，当宋太宗雍熙三年（986年）杨业在雁门之北陈家谷口战死时，杨延昭年二十九岁。古人以三十年为一世，如果杨业在雍熙三年战死陈家谷时年已六十，则杨延昭在大中祥符七年病卒之时，其诸子之年龄亦应在二十岁上下。准此推算，见于《宋史·杨延昭传》后的杨文广年龄，未免就与杨延昭差得太远了。

《宋史·杨延昭传》后的文广附传，并未记述杨文广之生年及卒年。但若由传中的事迹加以考查，杨文广的卒年仍不难考查明白。以下先抄录《宋史·杨文广传》的原文，然后再加考订。《宋史·杨延昭传》附文广传云：

文广字仲容，以班行讨贼张海有功，授殿直。范仲淹宣抚陕西，与语奇之，置麾下。从狄青南征，知顺德军，为广西钤辖，知宜、邕二州，累迁左库藏使，带御器械。治平中，议宿卫将，英宗曰："文广名将后，且有功"，乃擢成州团练使，龙神卫四厢都指挥使，迁兴州防御使。秦凤副都总管韩琦使筑筚篥城，文广声言城喷珠，率众急趣筚篥，比暮，至其所，部分已定，迟明敌骑大至，知不可犯而去，遗书曰：当白国主，以数万精骑逐汝。文广率众袭之，斩获甚众。或问其故，文广曰："先人有夺人之气，此必争之地，彼若知而据之，则未可图也！"诏书褒谕，赐袭衣带马。知泾州镇戎军，为定州路副都总管，迁步军都虞侯。辽人争代州地界，文广献阵图，并取幽燕策，未报而卒，赠同州观察使。

按，辽人来争代州地界，事在宋神宗之熙宁七年（1074年），见《编年纲目备要》卷十九所记，李焘《续资治通鉴长编》记此，则云：“熙宁七年十一月丁酉，定州路副都总管步军都虞侯杨文广卒，赠同州观察使。文广时就阵图并取幽燕状，未报也。”这可以证明，杨文广传记中所述的种种史迹，其发生时间不乏记载可查。准此以推测杨文广的年龄，虽不能十分正确，仍是极有用的参考资料。

《续资治通鉴长编》卷一百四十二云：“庆历三年八月辛酉诏：‘陕西比有贼张海、郭邈山，群行剽劫，州县不能制，其令左班殿直曹元诘、张宏，三班借职黎遂，领禁兵往捕之。’”同书卷一百四十五又记张海被杀，余党擒捕殆尽，事在庆历三年（1043 年）十二月。据此可知，杨文广以班行讨贼张海有功，升授殿直之职，事在宋仁宗之庆历三年。同书卷一百五十又记，“庆历四年六月壬子，参知政事范仲淹为陕西河东路宣抚使。”则杨文广转陕西河东路宣抚使范仲淹麾下，又应该是庆历四年的事。

广西蛮酋侬智高造反，由狄青前往讨平，《续资治通鉴长编》卷一七二至一七四记其事之始末甚详，其时间则在宋仁宗皇祐四年至五年（1052—1053 年）。此书所记狄青平侬智高之经过事实中虽无杨文广之名，由此仍不难知道杨文广“从狄青南征”及在广西做官之事，应该即在皇祐三年至四年之间。至于“治平中，议宿卫将”云云，既有英宗之庙号及“治平”年号可稽，当然更容易认定其时间。

最后则是韩琦使杨文广筑筚篥城之事，据《续通鉴长编纪事本末》卷八十三之所记，事在宋神宗之熙宁元年（1068年）七月。将这些关系时间逐一排列，并且核算它们距离杨延昭之死究竟有多少时间，就不难看出杨文广与杨延昭的年龄，究竟相差多少？

以下是杨文广有关事迹的发生时间与杨延昭死年的简明比较：

宋真宗大中祥符七年（1014年），杨延昭卒。

宋仁宗庆历三年（1043年），亦即杨延昭死后之第二十九年，杨文广因平张海之功，由“班行”升授“殿直”。

宋仁宗庆历四年（1044年），亦即杨延昭死后之第三十年，杨文广被陕西宣抚使范仲淹罗致麾下。

宋仁宗皇祐四年（1052年），狄青征南，杨文广从征，时为杨延昭卒后第三十八年。

宋神宗熙宁元年（1068年），韩琦命杨文广筑筚篥城。时为杨延昭死后第五十四年，杨文广官陕西定州路之副总管，步军都虞侯。

宋神宗熙宁七年（1074年），杨文广卒。时距杨延昭之死，已有六十年。

四、需要寻求最合理的解释

如前所说，古代父子祖孙的年龄差距，通常以三十年为一世。这当然是指平均数而言，虽非绝对，却不致相去太远。如果父子二人的年龄差距超过五十岁，显然就很不合理。这是因为古时人极少晚婚，而男子四十无子，便需纳妾以为嗣续之计，五十以外得子的情形极不正常。基于此一观点来看上述简明比较，便可以得到更为清楚明白的认识。

杨延昭卒年五十有七，如果杨文广确系延昭之子，其年龄又与延昭相差三十岁左右，则当延昭卒时，杨文广年已二十七岁。再依上述比较推算杨文广有关事迹发生时的当时年龄，约如下列：

宋仁宗庆历三年（1043 年），文广由班行升为殿直时，约五十六岁。

庆历四年，范仲淹始识文广，罗致于其麾下时，文广约年五十七岁。

皇祐四年（1052 年），文广从狄青征南，时约六十五岁。

神宗熙宁元年（1068 年）有筚篥城之功时，文广约年八十一岁。

熙宁七年文广卒，时年约八十七岁。

杨延昭享年五十七岁而其子文广寿至八十有七，这其间自无不合之处；但问题在于，杨文广在军中建功立业的时间，看起来似不无老朽迟暮之感。因为自延昭之死到文广因平贼有功而由班行升为殿直，中间相隔凡二十九年，何以杨文广在这么长的时间中始终默默无闻，一直要到此时才有建此小功的机会，而此时文广年已五十六岁，真不能使人了解，他在五十五岁以前究竟所为何事？翌年，范仲淹发觉杨文广是有用之才，罗致于其麾下，其时文广已年将花甲，这非但不像是褒美，反倒近似戏侮了。至于他在年逾八十之后尚能驰骋疆场，立功于对西夏的战争，虽不能说无此可能，毕竟仍是有悖常情。所以，由上面杨文广有关事迹推算其当时年龄，至少应减去二十岁至二十五岁，方是合理之事。但如此则在杨延昭病卒之时，文广只能是垂髫之童，与当时情形又不能符合了。

宋朝的荫子制度中有一项规定，除长子以外，余子授官，须在十五岁以上。延昭死后，政府授其三子为官，不论文广是否为延昭之长子，此三人之年龄必均在十五岁以上，否则不可能一并得官。即使文广之年最幼，此时亦必已在十五岁以上，当无疑义。何况文广之表字为“仲容”，似有次子之意，则他在当时业已年逾二十，更应最有可能。这就使得前面所说的两种假设情况都不大有可能成立，势必需要另外探寻一种更能合乎事实的可能情况，方能解决此中的疑惑。

五、野史中另有不同之说

平剧中的杨家将故事甚多，但均以杨宗保为杨六郎之子，从不闻以杨文广为延昭之子。如《穆柯寨》叙杨宗保阵前娶妻，《辕门斩子》叙杨宗保几因此而被其父延昭所斩，《破洪州》叙穆桂英破天门阵而杨宗保隶其麾下为将，均此之类。此外则《四郎探母》中奉延昭之命巡绰营寨的六郎之子，亦是杨宗保。在这些角色安排之中，杨文广只是杨宗保之子，而非延昭之子。通俗小说《杨家将演义》沿袭平剧的故事内容，杨延昭、杨宗保与杨文广三人间的关系亦复如此。这种说法虽与《宋史·杨延昭传》所叙不合，但事实亦有其所本，如元人杂剧中的《杨六郎调兵破天阵》一出，便有如下一段文字：

正末（杨六郎）云：“你众将，谁敢打这天门阵去也？”

杨宗保云：“父亲，您孩儿打这天门阵去。”

正末云：“杨宗保，凭着你甚么武艺，你敢打这天门阵去？”

杨宗保云：“父亲，凭着您孩儿身材凛凛，志气昂昂。敢与番兵打阵交战去也。”

元杂剧的撰成时间当然要比平剧及演义小说的撰成时间为早，因此可以相信，平剧及演义小说中的杨宗保部分，当系祖述元杂剧的故事内容而来。但元杂剧的故事内容何以又与史传所述两歧？这就显然证明彼此之间是出自两种不同的来源了。大致《宋史·杨延昭传》中的叙述本之于宋代所修国史，而元杂剧的故事来源则由于宋代所传述之“平话”。纪昀所撰《阅微草堂笔记》，在卷十六之下有其自注，云：

优人演说故事，谓之平话，《永乐大典》所收尚数十部。

纪昀所说的宋人平话故事，原见于《永乐大典》卷一万七千六百三十六至六百六十一，凡二十六卷，今已只存卷目而不知其细目，其中是否收有杨家将之故事，不详。但因现存元杂剧中的杨家将故事，与平剧及演义小说所搬演的杨家将故事大致相似，可以相信它们即是由同一来源所衍化而来，其最早的渊源殆即现已亡佚的宋人平话。这一流派的故事内容与史传互歧，在野史中亦有证据可寻。如宋末元初时人徐大焯所撰的《烬余录》，关于杨宗保的部分即有与《宋史·杨延昭传》所述不同的记载，引述如下：

兴国五年太宗莫州之败，赖杨业扈驾得脱险难。业，太原人，世称杨令公，仕北汉建雄军节度使，随刘继元降。……遂死之，赠太尉，节度使。长子萧平随殉，次子延浦，三子延训，官供奉；四子延环初名延朗，五子延贵，并官殿直；六子延昭从征朔州功，加保州刺史，真宗时与七子延彬初名延嗣者屡有功，并授团练使。延昭子宗保，官同州观察，世称杨家将。

《烬余录》的这段叙述，其中颇有错误之处。一、以宋太宗“幽州”之败误为“莫州”之败；二、误以“延朗”为四子延环之原名；三、误以七子延彬之原名为延嗣；四、误以延彬曾官团练使等。但此书以杨宗保为延昭之子，与元杂剧之记述相同，应该是颇有价值的记述。其所以有此一说，间接足以证明，杨延昭之子，除了《宋史·杨延昭传》所说的杨文广之外，另有杨宗保之一说，而此说则与元杂剧的记述相同，可知元杂剧的说法绝非凭空捏造。何况由本文的上述考证中更能证明，杨延昭之子名为文广之说甚不合理。这就有了两种对立的情形存在，杨延昭之子究竟名为杨文广抑或是杨宗保，必须在二者之中有所取舍，别无调和折衷之余地。

六、比较合理的推测

杨文广曾随狄青征南，不但《宋史·杨延昭传》后的文广附传言之凿凿，民间流传的小说中亦有一种名为《杨文广平闽十八洞》的故事，可以证明杨文广不但确有其人，而且建有相当卓越的事功，足以使民间文学家以其人为主角，另外编写例如《杨文广平闽十八洞》之类的通俗小说以供人阅读。但因杨文广的生卒年龄毕竟与杨延昭相差太远，以杨文广为杨延昭之子，实在有难以解释的疑窦存在。推测其中的真实情况，在杨延昭与杨文广之间，必定另外还有间隔的一代，否则实难弥缝这其间的矛盾。

存在于元杂剧及平剧、演义小说中的杨宗保，在伦序关系上是杨延昭之子，杨文广之父。此人虽在平剧及演义小说中赫赫有名，但却无具体的事功可以称道，在正史中竟成了一个无名人物。大概正因为杨宗保并无具体事功可称之故，人们几乎忽略了他的存在，修史之人如果不加详察，直接以杨文广与杨延昭连接而且误以杨文广为延昭之子，杨宗保则极可能因此而失落在杨家父子祖孙的关系之外了。若谓杨宗保并无其人，则不但戏剧与小说的传述由来与《烬余录》之类的野史记载难以索解，便是杨延昭与杨文广的年龄差距不合理原因亦无可理解，显然不是正确可信的说法。

杨文广卒于宋神宗熙宁七年（1074 年），国史为之立传。必不致在相隔很久之后，不知杨文广父名宗保而以其祖延昭为父，这当然也是一个使人怀疑的问题。依笔者浅见，造成此一情形的原因，必与当时人不甚重视杨家将历史的态度有关。这势将涉及另一个题目的讨论范围，今不多赘。

贪污与籍没

自从公车处购料舞弊案发觉后，由于贪污的数目庞大，所牵涉的又有许多高级人员在内，顿时成为轰动视听的新闻。大家都已注意到这种“集体贪污”的严重性。五月十五日某晚报发表一篇短评，着眼于这种贪污风气之形成，其中有警句说：

叔季之世，有一特色，就是不重人品而重金钱。至于金钱怎样得来？没有人管此闲事。当一辈子穷公务员，可能连累下一代也翻不了身；干一任贪污官吏，手段高明者便几辈子吃喝不尽。

原文作者引中信局的贪污案为例，说是该局的两个职员，在贪污一百八十万公款之后，情愿自首坐牢，预计每人坐牢两年，便可安享一百万元左右的巨额赃款。世界上“本轻利重”的买卖，也无过于此了。

关于这点，五月初的某报短评《重典治贪污》也曾有所议论。该文作者认为，在贪污风气普遍盛行的今日，非严刑峻法不足以儆效尤而挽颓风。因此，他赞同某监委恢复《惩治贪污条例》的主张。

《惩治贪污条例》记得是在1949年以后方才明令废止的，其颁布的时间，则似乎是在抗战发生后不久。这条例的最大特色，一是用刑特重，最轻刑都在五年以上，重者大辟，比起目前审理贪污案以公务员渎职罪论处，量刑不过数年，相去悬绝；二是判刑之后，不但追缴赃款，且须没收犯人财产，其立法精神显然渊源于古代的“籍没”之法，诚所谓“重典治贪污”也。但对此一点，笔者犹有自己的看法，不敢完全表示赞同。

古代的“籍没”之法，其对象只限于大逆不道的重犯；贪污虽然赃私狼藉，只能依法追赃，还够不上籍没的资格。近代的法律，保障自由人的财产权利，如非正犯名下的财产，政府不能任意没收。所以，贪污案只要先将贪污所得的赃款以妻儿戚属的名义分别寄顿起来，便不是《惩治贪污条例》的力量所能及。倒是追赃的办法，可以在贪污案犯本人身上着追，使他无法从贪污行为中得到实际利益，尚可收到防止贪污的立法本意。但是“徒法不能自行”，任何一种良法美意，如果不能得到切实而有效的执行，都只是纸上空文。试看抗战及内战时期，虽有严峻的《惩治贪污条例》在，又何曾收到戢止之功？所以，要了解这个问题，我们还是回头来看看历史，借助于古人的经验来帮助我们解决吧！

官员贪污，所侵渔的大都是钱粮赋税经费之类。即使有人专借红包贿赂发财，而红包的来源无非出于国家的利益，所发生的侵渔结果，并无二致。所以，古代对贪污案犯照例都需追缴赃款，一不致损及国家权益，二不致使贪污者得到贪污利益，从而有所选择趋避，如同前述的中信局一百八十万元贪污案那样。这种办法，在理论上是说得通也行得通的。

历史上以重刑治贪污的典例，莫过于明太祖。明朝开国，承元末的纪纲紊乱，社会风气腐败的积弊之后，矫以严刑峻法，少犯刑律，诛杀不贷。其中对官吏的贪污罪处罚尤重，凡是贪赃在钞四十贯以上的，就须论斩。处死之后，仍须剥皮实草，竖立在州县大堂上作为惊心怵目的标本，警告后继者小心以此为榜样。明太祖的果敢诛杀，确实曾收到禁绝贪污风气的功效于一时。但任何政治措施都是需要官吏去推动的，明代的官吏俸给最薄，要长期倚靠皇帝的督责力量来防止吏治的腐化，在事实上是绝对办不到的。所以，一到后代的皇帝们手里，皇帝本身的私生活就很泄沓废弛，上行下效的结果是，刑律渐宽，罪人在判罪后可以输款赎罪。于是官员们的贪污案如果不被察觉，便可以一本万利，几辈子吃着不尽。至于要怎样才能不被察觉检举，所用的方法也很简单：交际同僚，馈遗上级，向那些有权包庇贪污的权门势要奉献厚礼，便可以上下包瞒，无往不利。下面引叙明清史料中的一件明代档案，足以说明明代刑法足以鼓励贪污之一斑。

问得周国光招罪节略缘繇，议得周国光所犯，除科敛等轻罪不议外，合依监临官擅将官钱粮私自借用，虽有文字，并计赃以监守自盗论，四十贯律斩，系杂犯，准徒五年。系官，纳米折银赎罪，完日发回原卫闲住，待年限满日带俸。照出周国光该官纸米五斗，赎徒米五十石，每石折银五钱，共银二十五两二钱五分。又该原受各军见面礼七十两，盐利二十两，克军饷六十两，敛各经历二百两，指接太原使费克扣军饷一百两，诈受毛袄匠银六两，俱无主零星之赃，合追入官。……

综计周国光的贪污所得，是银子四百五十六两。但判刑后的赎罪银，不过二十五两二钱五分，比较起来，只有赃款的十分之一。如果不是有追缴赃银的规定在，岂不是鼓励人去贪得赃款来纳银赎罪吗？如果贪得的赃银再多一些，量刑至此为极，其情形也就会与中信局一百八十万元贪污案的两位主角一样，宁愿为坐牢（纳赎）而去贪污了。周国光的前程不过是张家口堡的守备官。守备官可以贪赃至数百两，官再大的总兵副将，以至总督巡抚之流，能贪到的钱当然更多了。

明朝末年，贪污风气已经非常普遍，贪污所得，动辄盈千累万。这些能够保有其贪污所得的人，必定长袖善舞，玲珑剔透，在宦途中一帆风顺。其方法就是在贪污所得中分出一部分来打点应酬，以求上下包庇，皆大欢喜。这样，勾结越深，应酬越广，贪污的数目越来越大，贪污的风气也就越来越盛。徐树丕《识小录》说，崇祯时外官入京馈遗京官的礼物，由白银而改为黄金，“然犹嫌其重，更易以圆白而光明者”。迅至“世风日偷，如江河之日下而不可止矣”。《明史·阉党列传》说，崔呈秀为御史，巡按淮扬，赃私狼藉。“霍邱知县郑延祚贪，将劾之，以千金贿免。延祚知其易与，再行千金，即荐之”。记得公车购料舞弊案发生后，据新闻报道，案中各主角的逐年考绩，都在甲等，因此发生了“甲等贪污人才”的笑话。这亦可见凡是贪污能手，必定善于逢迎夤缘。以致上司不是被蒙蔽，便是沆瀣一气。像前面所引的周国光之流，只是不善于巴结上司，或是不幸出了纰漏，无法包瞒而被举发了出来的不幸者而已。

明代末年，虽因政治窳败而致贪污风气盛行，但其惩治贪污案件中的“追赃”之法，如果能认真执行，仍是警惕贪污案犯的有效武器。明亡之后，清朝入关，一方面悚于贪污风气太盛，非大事振刷不足以澄清吏治；一方面亦因军兴频繁，赋税不足，需要借贪污案犯的赃罚收入来充裕国库，弥补军饷。于是各省督抚巡按接到圣旨，必须认真举发贪污，严格追比赃款及罚赎。新朝的法令总要比旧朝的来得有效。于是，在顺治初年，我们便可看到许多严厉追比赃款的案件。不论是道府州县或是胥吏衙役，只要贪污有据，所得的赃款纤毫必计。这些赃款，累积起来诚然可以有数千百两之巨，但实际上都是在到手时就花费在酒食征逐或交际酬应上了。一旦计数追赃，势必竭产无完。其结果则是这些坐赃追比的贪污案犯，不但因追赃而卖尽家产，甚且悬赃甚巨，积年难完。州县官受到上级的严厉督责，十日一比，许多犯人都无法忍受这长时间的敲扑捶楚之苦，不是瘐毙囹圄，就是毙命杖下，说起来也真是够惨的。

由于有顺治朝的严刑峻法，与康熙朝的开明政治，一方面是贪污追赃已使许多人得到警惕，另一方面是贤才登用而不肖日退，因此就出现了康雍年间的清代兴盛局面。更有进者，康熙帝很注意照顾官吏的生活需要，对于州县官在田赋正额之外多取一分火耗的“陋规”，并不主张严格禁止。他说：“所谓廉吏者，亦非一文不取之谓。若纤毫无所资给，则居常日用及家人胥役何以为生？如州县官止取一分火耗，此外不取，便是好官。或一概纠参，则属吏不胜参矣。”（《东华录》）正因如此，雍正朝时才有明定火耗归公，作为发给大小官吏“养廉银”财源的明智之举。自从有了优厚的养廉银制度后，大小官吏足够生活的需要，一方面不致因俸薄而觊觎非法利得，另一方面又不敢轻易以身试法，既有追比赃罚之苦，又有失掉既得俸禄的危险，于是贪污的风气顿息。虽然后来由于客观情势发生变化而致贪污风气死灰复燃，但在当时的效果，则显然是成功的。

《清朝经世文编》卷四十，孙嘉淦在办理耗羡疏中说，雍正时无清官。——非无清官也，夫人而能为清官也。原疏说：

养廉已足，上司不得需索属吏；办公有资，州县不敢苛求百姓；馈谢绝而摊派无法，故曰；雍正年间无清官。

优厚的俸薪与严格执行的贪污追赃，足以使雍正朝的大小官吏人人都变成清官，这其中的启发意义太大。可见重刑律以使人不敢犯罪，厚俸薪以“养”人“廉”耻，如此双管齐下，方是澄清社会风气，挽遏贪污行为的正当途径。不着眼于这两方面的对等力量，而徒然执著于“治贪污用重典”的说法，抗战与内战时期的《惩治贪污条例》中的“籍没”之法，不但古今中外从无此例，而且执行起来扞格难通，乃是万万不宜行使于今日的。

历史是自古以来的行事鉴镜，我们读历史，就不可忘却历史中的教训。《晋书·武帝本纪》说：“泰始三年九月甲申，诏曰：古者以德昭爵，以庸制禄，虽下士犹食上农，外足以奉公忘私，内足以养亲施惠。今在位者禄不代耕，非所以崇化之本也，其议增吏俸。”顾炎武的《日知录》亦说：

唐杨绾为相，承元载奢汰之后，欲变以节俭，而先益百官之俸；皇甫镈以宰相判度支，请减内外官俸禄，给事中崔植封还诏书，可谓得治道之本矣。

现在的官吏俸给，不但不足以“奉公忘私”，甚且还不足以谋温饱。更何况社会风气日趋奢靡，生活水准日益向上，要使人自甘贫贱而不受外界物质生活的引诱，其难何如登天？诚如某报的短评所说：“当一辈子穷公务员，可能连累下一代也翻不了身；干一任贪官污吏，手段高明者便几辈子吃喝不尽。”这是何等强烈鲜明的对比！不揣其本而欲齐其末，事实上有其不可能。所以，不论是籍没还是追赃的严峻处罚，都必须辅以“厚俸”才行。至于执政诸公所常常引以为苦的“财源”问题，执行起来，似乎也不过是技术问题。试看这许多贪污案子中被侵渔了的国币，为数何止千百万？贪污的人能够拿得到，审核预算时难道就删不掉？这似乎太不可能了吧！

钓鱼城的故事

咫尺巴渝在眼中，赖兹保障重元戎。冉生策定岩疆固，余玠营连壁垒雄。百战精兵都饮血，十年强敌竟无功。人和地利坚如许，岂料奄奄宋祚终。

我来凭吊陟高冈，指点残碑姓氏香。流水不堪思往事，寒山依旧爱斜阳，干戈想像平芜远，草木萧疏故垒荒。回首兴亡多少恨，鱼城烟雨暮苍苍。

以上所引，乃是清人陈在宽所撰的《钓鱼城怀古》七律二首，见民国新修《合川县志》卷一。钓鱼城，在今四川合川县城之东北。由县城乘舟，溯渠江上行十里即至。其地为一陡绝之高山，名钓鱼山，三面临江，壁立千仞。当年南宋的四川安抚制置使余玠为了对抗蒙古大军的入侵，曾经接受冉琎、冉璞兄弟二人的建议，在此山顶上建筑了一座坚强的城垒，并徙合州州治于此。筑城后的十七年，即宋理宗开庆元年（1259 年），蒙古大汗蒙哥亲率大军来攻，自此年二月围攻至七月，此城在守将王坚的守御之下，坚守不克。最后，蒙哥大汗病死在此城之下，一说为飞炮所伤不治身死，一说死于痢疾。蒙古军解围去。自开庆元年（1259 年）至帝昺祥兴二年（1279 年），合州钓鱼城在王坚、张钰的坚守下，仍为宋有者凡二十一年。而其时则不但南宋的都城临安早为元兵所破，播迁闽广各地的临时政府亦先后为元兵所灭，唯有四川境内，由于合州、重庆等坚强山城犹在宋兵坚守之下，尚能保存一部分净土。祥兴二年，即是崖山兵败的那一年，陆秀夫背负帝昺跳海殉国，宋亡。在此稍前，合州守将王立因重庆已被元兵所破，心理上发生恐慌，经不起元人的招降诱惑，举全城降元。四川境内有组织的抗元战争，至此始完全停止。钓鱼城抗元战争的故事，在历史上赫赫有名。后人登临钓鱼城故址，凭吊前贤，多有精彩的诗篇。前引清人陈在宽的诗，即为其中之一。香港立昌影业公司近来拍成《刺客》一片，在台北等地推出上映，轰动一时，所取材的来源，即是钓鱼城抗元战争的故事。由于电影制作的夸张渲染，千千万万的观众对这场战争发生莫大兴趣。但因对当时的抗元战争情形不甚了解，难免对电影故事的叙述存着将信将疑的态度。因假《中国时报·副刊》之一角，在此略作介绍。

《刺客》的故事编写，极为成功。其故事内容先由合州被围日久，守将王坚亟谋解围退敌，乃使侠女舒湄乔扮民女混入元军大营谋刺蒙古元帅说起，由此逐渐展开了双方的明争暗斗。舒湄失手被擒，元帅蒙哥之妹艺高胆大，好胜心强，禁不起舒湄之言辞挑激，亦冒险进入合州，谋刺杀王坚。不料反为王坚左右之侠士凌天羽所擒。蒙哥元帅要求王坚换俘，在得回其妹之后又暗施突袭，将舒湄中途劫回。于是凌天羽又设法假冒了来为元人说降的汉奸刘整，再去行刺。一场混战的结果，蒙哥元帅及其妹均被杀。元军逃散，合州终得保全。由这一故事的发展过程看，其结构甚为紧密，情节则一层紧似一层，步步扣合而越出越奇。加上重要演员的精湛武技与摄影师的高超技巧，看起来慑人心弦，着实过瘾。与欧美出品的所谓宫闱侠义片之类的影片相比，此片所表现的东方风格与中国武术，尤可使中外人士大开眼界。但若就此片所表现的合州军民抗元故事而言，就未免与真实情况相去太远了。

首先需要指出的最大歧异处，乃是地理形势上的差异。《刺客》片中的合州州城，位于平地，城外可容万马驰骋。果然如此，则当蒙古大军挟其剽悍骑术及攻城大炮横扫欧亚大陆之时，此城究竟何所凭恃，而能在蒙古大军宛如疾风迅雨一般的攻击之下坚守不拔呢？当年冉琎、冉璞之所以要建议余玠在钓鱼山顶上筑城，并徙合州州治于此，主要原因是他们早已看出，非倚恃特殊险峻的地形，不足以抵挡蒙古军的强大攻击。而事实上，徙治钓鱼城以后的合州，之所以能在蒙古大军的围攻之下，坚守二十一年之久，亦正是倚仗了这一地理形势上的特点。《合川县志》中收有元人某所撰的一篇《钓鱼城记》，叙此甚详，云：

城在州治之东北，渡江十里至其下。其山高千仞，峰峦岌岌，耸然可观。其东南北三面据江，皆峭壁悬崖，陡然阻绝。修城之后，凿山通道，路曲多次，方可登临。其西南，山稍低，于此筑城，高二十仞。

以如此一座陡绝高峻的悬崖，再配合了人为的施工，利用地形之起伏，在平坦处加筑城垣，在险峻处开凿磴道，自足以充分利用原有的险阻地形，使强大的元军望而夺气。南宋末年，四川境内以如此方式修筑起来的山城，除钓鱼城之外，尚有青居、大获、云顶、天生等十余处，在四川的抗元战争中都曾发挥过极大的作用。最奇妙的是钓鱼山的山顶平坦，上有天池，周围一百余步，大旱不涸。城垣筑成之后，城中军民，“春则出屯四野，以耕以耘；秋则收粮运薪，以战以守”。元兵虽强，对此亦徒唤奈何。至于城中军民何以春可出屯而秋则保聚，这就与蒙古军的作战条件有关了。

蒙古侵宋，事在灭金之后。在此以前，则因金人坚守潼关，致使蒙古军不能由陕西侵入河南，蒙古军亦曾因假道陕南及四川伐金之故，屡次侵入南宋辖下的四川省境，四川形势岌岌可危。自金亡之后，宋元两国先和好而后开衅，元人对四川的侵略行动遂日见积极，四川各地，亦因蒙古军屡次入寇而残破不堪。蒙古人生长于漠北寒冷之地，从不出痘，其马匹更不耐南方之暑湿。为了避免传染痘症及适合战马的生理，其作战方式常常是秋来春去，尽量避免在夏间留于南方作战。由于这一方面的特殊原因，所以守御在钓鱼城中的宋朝官军，在元人来侵时则收聚山城，坚壁不出。一等蒙古军夏间旋师，便又可以利用这一空档，出兵攻掠已为元人所有的附近州县，取其积聚及人民以为己用。至于耕耘樵采之事，更是毫无阻扰的了。所以，蒙古军入侵四川虽历时多年，四川全境的抗元武装，却始终是蒙古人不能消灭的心腹大患。《刺客》一片写宋元两军在合州城下互相对峙，蒙哥元帅之妹又得倚仗其武功暗入合州城中谋刺王坚，这都是非常不符合当时实际情况的地方。而合州（钓鱼城）虽被元军所围，但城中军民有恃无恐，王坚既无须借行刺元军主帅以为解围退敌之法，蒙哥之妹亦不可能飞越天堑进入钓鱼城行刺王坚。这是就地理形势而言的双方情势，需要加以指出。

蒙哥之死，影片《刺客》谓系死于合州城下，其死因则由于凌天羽之搏杀。《元史·宪宗本纪》记蒙哥大汗之死，亦说系死于合州之钓鱼山，但死因则系“病殂”。另据《钓鱼城记》所说，则蒙哥之死是由于他在围攻钓鱼城时受到宋军的炮伤，因而成疾，行至金剑山温汤峡，遂崩。元史专家姚从吾先生比较中西各方的记述，相信蒙哥之死是由于痢疾。原因是蒙哥在围攻钓鱼城之战中不肯遵守元军所一贯奉行的“秋来春去”原则，于二月间到达钓鱼城下之后，围守至七月间犹不肯去，终因军中发生痢疾而受传染，不治而崩。不管这几种说法之中以何者为是，其死因绝非如《刺客》一片所说系死于被刺，则可断言。而且蒙哥身为大汗，贵为皇帝，亦非如《刺客》所说之元帅。所谓历史剧与历史故事，常不免与真实的历史有极大的距离，《刺客》片中所描写的“历史”，亦复如是，诚不免令人气短。

《钓鱼城记》叙述蒙哥大汗围攻钓鱼城之战，有一段非常生动有趣的文字，引叙如下：

己未岁，值大旱，自春至秋，半年无雨。北兵围逼其城，意城中无水，急攻之。一日，至西门外筑台建桥楼，楼上建桅，欲观城内之水有无。城内知其计，置炮于其所。次日，宪宗亲率其兵于下。钰命城中取鱼二尾重三十斤者，蒸面饼百数。俟缘桅者至其竿木，方欲举首，发炮击之，果将上桅人远掷，身殒百步之外。即遗鲜活之鱼及饼以赠，谕以书曰："尔北兵可烹鲜食饼，再守十年，亦不可得也。"时北兵遂退。

此文中听说的"北兵"，即蒙古军；"宪宗"，即大汗蒙哥。这一段故事，不但刻画出当时攻守双方的战争情形，也显示了钓鱼城之所以能坚守不屈的地理条件，大可为此后编剧人的参考。

钓鱼城在降元之后被元朝政府下令堕毁，合州州治仍迁回故址。历明清以至民国，此地始终成为人迹罕至的僻陬，唯偶尔有慕名者前往登临凭吊而已。民国卅三年(1944 年)，史学大家方杰人先生曾专程由北碚前往游览，并且写过一篇《钓鱼城抚今追昔录》，登在四十卷十三号的《东方杂志》上。由方先生亲历所见的情形来看，建筑在钓鱼山顶上的钓鱼城，乃是以城墙与峭壁连接而成的一座巨大堡垒。城内的地面与城墙齐平，若干地方甚且较城墙犹高。在山下仰望，此城似是高不可攀；一旦登临其上，则除了一些石栏杆之外，却不见有城。也正因为钓鱼城具此特性，所以不但易守难攻，而且有池可饮，有田可耕，只要兵精粮足，根本不惧蒙古军的围攻。方先生当时曾以步行之法估计此城的周围约六公里半，其规模足可容纳十余万人。所以无怪乎四川遭元军攻击之后，各地人民，甚至远至陕南鄂北之难民，均闻风远来此城避难了。当蒙古铁骑横扫欧亚大陆之时，所过之处，无不残破，唯有此城却始终未为元军所破，真可比之为茫茫黑夜之中的不灭明灯。此不但为民族抗战史上留一佳话，亦是编写历史剧与历史故事者之绝好题材也。

钓鱼城在宋亡之前屹立于被元军蹂躏残破的四川二十余年，它所代表的昂扬斗志与民族气节，在历史上将永垂不朽。在二十余年的抗战中，曾有多少个中华儿女在此留下他们可歌可泣的血泪故事。随便拾掇一些加以点染发挥，都可以谱成动人心弦的伟大作品。虽然这些故事都已经随着文献记载的亡佚而不复为人所知，但小说家与戏剧家尽可依照他们自己的想象，以此一抗战故事为背景，重新将这些故事与人物适当地表达出来。《刺客》所希望表达的故事，无疑正是属于这一范畴。只是，钓鱼城的抗战故事如此壮烈伟大，表达在《刺客》片中的既不免显得渺小，又令人觉得不伦不类，未免太糟蹋了上等的好题材。如果有人愿意在这上面深入研究，再写出一些更好的故事剧本来，那就最好不过了。

关于《孔雀图》秘辛

元月八、九两天的报纸上，登载了李叶霜先生《八大山人〈孔雀图〉的秘辛》一文，读之甚感兴趣。李先生的书画鉴赏力甚高，近年来对八大山人的研究尤著成绩，此文一出，自必受到艺术界人士的重视。但李先生对书画的研究经验虽丰，于前朝政治制度或较陌生，因此文中亦不免颇有错误。谨就管见所及，补充一二。

李先生根据宋荦《西陂类稿》中有关孔雀的几首诗，考明当八大山人在康熙二十九年（1690 年）春天绘此《孔雀图》时，不但他本人因寓居南昌而与当时的江西巡抚宋荦同处一地，而且图中的两只孔雀雏，也正是宋荦署中所养，因此可证孔雀图的讽刺对象，即是这位巡抚大人，其说甚为有力。宋荦在康熙二十七年夏间由江宁布政使调升江西巡抚，甫抵任，即戡定督标裁兵李美玉、袁大相之叛乱阴谋，扼杀了这一次反清复明的武装起义，其为八大山人所深恶痛绝，自在意中。但八大山人所画的《孔雀图》，何以即可联想为讽刺宋荦？则李先生的大文，交代尚欠明白，而且也颇有错误。例如李文中说，清代的显贵们因功勋而被皇帝赏戴花翎时，可“从一翎两翎以至三翎”。《孔雀图》中一只孔雀的尾部恰有三根翎毛，正为此一象征，其说即属错误。考之清制，赏戴花翎，只有单眼花翎、双眼花翎、三眼花翎之称，其等级高下体现在翎上黑眼之多寡，而非翎支数目之多寡。而且清代文武官员拖于帽后的翎毛，无论是花翎蓝翎，其数目亦从来只限一支。这一层，想必是李先生的误记。因此，孔雀尾后所绘三翎恰为官员帽后花翎象征之说，若以数目为证，是不对的。

要证明孔雀毛如何与清代的显贵们有关联，可以先看看道光年间庄亲王绵课之子奕赓所写的一本书。此书名为《管见所及》，专记清代的朝章典故，甚有参考价值。现在先抄录一段有关花翎的记载如下：

本朝花翎之制，分三眼、双眼、单眼，眼越多品越贵。而亲郡王贝勒又例不戴翎，贝子例有三眼花翎，镇国公、辅国公及未入八分公俱例有双眼花翎，镇国将军以下及民公侯伯俱例无翎。

由此一条，可知品爵甚高的贵族例不戴翎，而功臣则虽贵至公侯，如非恩赐，亦无花翎可戴。这是一般的情形。宋荦曾否因功赐戴花翎，不曾有人考证过。但当他在江西做巡抚时，则因制度规定之故，照例可戴花翎。其说亦见奕赓之《管见所及》一书，抄录如下：

外省驻防将军，例戴花翎。山东、山西、江西、河南、安徽五省巡抚，因兼提督，例有花翎。绿营之提督反例无花翎。

这是说清朝的制度规定，山东、山西、江西等五省的巡抚，因为所受的敕书内有“兼理军务”四字，实际上是以巡抚而兼任提督，所以例有花翎可戴，其他各省的巡抚则否。有此一说，就可确定，不管宋荦是否曾经奉赐花翎，至少他在江西巡抚任内时，亦即是八大山人在南昌作此《孔雀图》时，宋荦的帽顶后面是拖着一支花翎的。

所谓花翎，实际上不过是一根孔雀毛。只因出于皇帝恩赐，特准在帽顶后面拖着这一根翎毛之故，所以才显得高贵，否则又有什么稀奇。但所谓花翎也者，亦是清朝中叶以后流行起来的名词，在较早时并无此名。奕赓说：

语言口风，今昔有不同者。乾隆以前，凡赐翎支者，俱云孔雀翎、小翎，今则为花翎、蓝翎矣。……

由此云云，则宋荦在康熙二十七年（1688 年）以后做江西巡抚时，他帽顶后所拖的那支翎毛，在当时原来是被称为孔雀翎的。拖在帽顶后的孔雀翎，与生在孔雀尾巴上的孔雀翎不但同为一物，而且其名称与部位亦复相同，于是，八大山人就可借此来对宋荦先生讽刺一番了。这比李先生大文所说，帽后花翎可以多至三根，正与孔雀图中的三根翎毛相合之说，多少能解释得更圆满一些吧。

宋荦的为人，清史本传甚称其在江西及江宁巡抚任内的抚绥安辑之功，其后并因此而擢升吏部尚书，克享大年，可谓禄寿双全。但野史所记，则于其人颇多微词。如乾隆时人顾公燮所撰的《消夏闲记》中说：

宋中丞亦非一尘不染者。相传吾苏顾汧抚豫，彼此宦囊，会归不下百万。特以福气大，得入名宦耳。

此宋中丞，即宋荦。以其曾任江宁巡抚，为江苏之名宦，故顾公燮以中丞相称也。以如此一个为清政府效力卖命的新朝显贵，又复长袖善舞，宦囊充盈，即使他儒雅风流，礼贤下士，亦仍然不免要为八大山人所鄙薄的。更何况他的巡抚衙门中正巧养着两只孔雀雏，恰好为八大山人提供了一个写作的题材呢？

皇帝为何要避暑

台湾的夏天气候炎热，七月上旬的气温已经高达摄氏三十六度以上，办公室里如果不装冷气，汗流浃背的滋味很不好受。在大陆各地，南京、汉口和重庆素有全国最热城市之称，即使远在黄河以北的北京，三伏天的暑季也一样炎热难当。古代的皇宫并无冷气设备，身为皇帝，在大热天里一样要衣冠楚楚，随时随地保持其皇帝之尊严，那么他们又是如何忍耐得过的呢？

历史上的帝王之都，无论是北京、南京、西安、洛阳，皇宫都建筑在重重墙垣保护之中，不可能有山水林泉之胜，当然也免不了溽暑熏蒸的炎热之苦。唯一能借山水林泉得享大自然的凉爽乐趣的，从文献资料中的记录来看，似乎只有南宋时的临安皇宫。

南宋的都城在今日之杭州，皇宫位于城南之凤凰山。其地多严壑幽洞，可以利用自然地形构筑水殿凉堂，避开火伞高张的夏日酷热。《乾淳岁时记》中有关于这方面的记载，说：

禁中避暑，多御复古，选德等殿及翠寒堂纳凉。长松修竹，浓翠蔽日，层峦奇岫，静窈萦深。寒瀑飞空，下注大池，可十亩。洪景卢学士尝赐对于翠寒堂，当三伏中，体栗慄不可久立。上问故，笑遣中贵人以北绫半臂赐之。

除了南宋杭州的皇宫能有如此凉爽清幽的避暑胜地之外，能够使贵为皇帝之人得以消夏避暑的地方，恐怕只有清朝的热河避暑山庄了。热河避暑山庄位于承德城北的湖沼丘陵地区，自清朝的康熙皇帝开始在此构筑宫城，利用自然地形配置亭台楼阁，遂使此避暑山庄成为名副其实的消暑胜地。从康熙、雍正、乾隆，历嘉庆、道光以至咸丰，每一朝的皇帝都在夏天到这里来歇夏避暑，直到秋凉后方才启跸还京。为什么清朝以前的历朝皇帝都不知道到高寒凉爽的避暑胜地去度夏，唯有清朝的皇帝年年要到热河去避暑呢？要明了其中的原因，首先得了解历朝皇帝的生活状况。

中国历朝以来的皇帝，最勤政的也不过每五日、十日一次出临殿廷朝会，在那里与朝中大小臣工会聚一堂，裁决国家大政，此外就很少与臣下见面。包围在他们左右的，不过是宫妃嫔御及太监近侍而已。在很多情况之下，连批答奏章也假手于近臣，从没有清朝皇帝那样永远亲自批答奏章，政事永无停滞的。除了亲手批答奏章以及按时出临殿廷朝会之外，清朝皇帝更有一处与众不同的地方，即是经常接见文武官员，从言谈奏对中了解其是否胜任职务。至于军机大臣之逐日晋见皇帝，面聆皇帝训示，更是每日不可或缺之行事节目。在这种情形之下，历朝的皇帝或者可以大热天里深居简出，减少冠带临朝的暑热之苦，而清朝皇帝则不能。然而他们除了想办法到比较凉快的地方去避暑消夏之外，还有什么办法可以在大热天不致停顿国家的政事呢？清代笔记中有一条资料，最可以说明此一事实。

清人方濬颐所撰的《蕉轩随录》卷一，“杨介坪中丞”一条说，杨怿曾，号介坪，在清仁宗时官大理寺卿最久，极得皇帝之倚信。尝被召见，时当暑热，杨怿曾掀帘入殿。看见皇帝正在摇扇挥汗。及至趋前跪下，皇帝便将扇子收起，放在一旁不用。当天的召对时间颇长，杨怿曾虽然穿着透气的纱袍，因为内有里衣之故，仍觉热不可耐。偶尔偷看坐在上面的皇帝，亦是面上大汗淋漓。但因礼节所关，直至召对完毕，皇帝竟不曾再拿起扇子来挥动。等到召对完毕退出，杨怿曾已是汗湿重衣，想想皇帝还有另外几批臣下需要召见，真不禁为他的长时间耐热之苦而感到难过。杨怿曾的经验，已是在热河避暑山庄所见。若是在北京城中的紫禁城里，其苦热的程度自必更胜于此。

清人钱泰华的《无事为福斋随笔》中说，清朝的家法最严，虽太监入殿奏事，皇帝亦必须衣冠接见。虽时值胜暑，接见臣下时亦不能用扇，只有在每批召见人员退出，另一批人员尚未入见的短暂空暇中，可以拿起扇子来挥汗。此一说法，由方濬颐《蕉轩随录》中的记载可以证实其不虚。然则清朝的皇帝到了夏天时，还能不到热河行宫去“避暑”吗？

赏戴花翎

清人平步青所撰的《霞外捃屑》卷四，记有同姓不婚的两条故事。第一条故事中的主角是某县知县王韫渠，因见县中童生王笠舫的资质甚佳，拔置第一，更欲妻以爱女，请县中学官为媒。学官以二人同姓不便，为隐语以说，曰："此生诗文佳而字不佳，公何爱之甚也？"王知县说："此生之书法逼肖右军，何云不佳？"学官说："正因其为王右军体，所以才说不佳耳！"县官至是，方才想到此生与己同姓，未便缔姻，乃作罢论。另一条故事是唐代的余杭太守张守信欲以女嫁富阳县尉张瑶，吉期有日矣。保母忽问曰："女婿姓张，不知主翁之女何姓？"张守信经此一问，方憬然了悟彼此皆是姓张，事乃中辍。这两条故事的内容虽然颇饶趣味，主要的着眼点则彼此一样——同姓不婚，古有明训，王韫渠与张守信糊涂到了不知女婿与己同姓，几乎闹出笑话，因此才被人引为笑谈。流传至今，亦觉得这两位官老爷何以如此见事不明呢？

同姓不婚，虽为古人之垂训，但在士大夫中可以奉为典则，乡里小民，未必恪遵无违。尤其在内地，王张陈李等大姓聚族而居，往往几十里地面中找不出几个不同的异姓之人。于是，因择偶不易而间或出现同姓相婚的情形，在乡间就不会是太稀罕之事。清末名臣李鸿章家世力田，出身皖北农家，据说，他家的祖父母就是同姓结婚之一例。

旧时的户籍记载，妇人例冠夫姓，而本人又未必皆有名字。所以，见诸记载的户籍资料，已嫁妇女常被称为“张陈氏”、“王林氏”之类。李鸿章的祖母娘家亦姓李，写在户籍资料上，自然就是“李李氏”了。在李家尚未发迹之前，这样的记载无人加以注意。及至李鸿章封侯拜相，功名贵显之后，别人一看他的祖父母居然同姓同婚，就会知道他家的上代家世寒微，不谙礼法，面子上实在很不好看。于是有高明的谋士为他献策，在他祖母的姓上加上一撇，改写作“李季氏”，以为涂饰之计。方法自然不错，无奈他的祖母家本来姓李，无端被改成姓季，未免不甘。于是又有人以插科打诨的方式为李鸿章家解围，对李鸿章的祖母家说："这是爵相酬报功勋，赏你们家一支双眼花翎哪！"

清代制度，官员建有殊勋，可蒙花翎之赏。得此殊荣者可在帽顶后面拖着一枝孔雀翎，其名谓之赏戴花翎，荣耀非凡。李鸿章的祖母家本来姓李，被改写为季字后，宛如李字头上加上一支花翎，虽属谐谑，形容却十分贴切。不是十分聪明的人，还真想不出这么高明的说词哩。

龙门前后

现代的大专联招入学考试，越来越跟古代科举制度中的乡、会试情形相似了。古代的科举考试，乡试考举人，会试考贡士，殿试考进士，取中的便可取得做官入仕的资格。大专联考及格，虽然不能即刻做官入仕，但因现代的社会重视大学毕业的资格，进不了大学之门，便不能成为学士、硕士与博士，与科举考试不中第即不能成为举人进士的结果相同。不过现在的大专联考虽然亦连考两天，但中间既有休息，亦不需要被强迫留在试场中过夜，比较起古代的科举考试来，要轻松多了。更因古代考场中的生活环境极不合理，更增考生之辛苦，所以古人常视参加考试为畏途。清朝的缪良，写过一首《浙江乡闱诗》，描写入闱以后的生活，大致是每一间号舍门前都摆列了火炉铜锅之类的炊具，以便烹煮饭菜之用，时时可见烟气袅袅，炭星飞舞。而号舍既苦低矮窄小，正面又没有门窗遮蔽，以致日间苦热而夜间苦寒，至于蚊蚋之咥咬与下雨天不免饱受风雨淋漓之苦，更不在话下。这种光景，若与现在大专联考只是炎热难当相比，便可知道古代的乡试要比现在苦得太多。

在古时那鳞次栉比的号舍小屋中，只有专供监试及巡察人员鸟瞰之用的明远楼最为高耸，登明远楼上俯视，整个闱场的全盘情形悉在目中。所以江南贡院的明远楼有联云：

矩令若霜严，看多士俯伏低徊，群嚣尽息；

襟期同月朗，喜此地江山人物，一览无遗。

然而，主考官与监考官登明远楼上所看到的，固然是一派肃穆气象，身在矮屋风檐中的万千考生，绝不可能有如此雍容不迫的心情。不信可看清人缪良所写的几首曲子——《乡试黄莺儿》：

半夜竟无眠，听更锣，四鼓天。未曾吃饭先涂面，轿歇门前，妻送堂前，家堂宗祖香烟点。进贡院，先悬考袋，再去钉门帘。

这一首曲子，描写考生未入贡院以前的光景是心中忐忐不安，而举家为之祈祷。等到入得贡院，寻得号舍，便须先把存放考卷的考袋挂在墙上，然后取出自备的门帘钉挂妥当，以蔽风雨。再以后的光景，则是：

身曲枕儿歪，明远楼，画角哀，黎明题目传来快。心思苦哉，精神惫哉，可怜急屁今安在？八韵诗，抬头斟酌，又是五更来。

由于号舍逼仄而长只四尺，要想倚枕休息，自然只好曲着身子。而考卷虽领，题目未下，心中更感惶恐焦急，而精神亦更感疲惫。接着是题目发下，文稿起好，于是乎：

早起复吟哦，诗与文，细揣摩，誊清题目须防错。添注几何，涂改几何，手持考笔呼开锁。一归家，喫谈洗困，明日再奔波。

照古代科举考试的功令规定，文稿誊于考卷上后，如有添注及涂改，须一一在卷末写明添注几字及涂改几字，以防誊录作弊。缴卷之后，第一件事是回家休息，以便明日再赶第二场考试。所以以后的光景仍旧同第一场一样，是：

精力未曾疲，听点名，篮自提，龙门前后寻知己。你赞我的，我赞你的，大都自己皆得意。归号内，遍寻老宿，明日讲经题。

古人说：文章自己的好，考生看自己的文章，当然也不例外。所以，第二场开始时的心情，似乎要比第一场时轻松得多。但是接下来的变化却甚为特殊，乃是：

细看五经题，记不清，书易诗，《春秋》、《礼记》皆忘矣。此也迷离，彼也狐疑，看来只好糊涂写。遵新例，头场文稿，带在考篮里。

经艺不需提，叫掌管，肚内饥，可怜考食皆完矣。收拾快些，缴卷快些，天开文运挨挨挤。轿儿抬，忙忙归去，先要吃东西。

第二场考经义，在如此糊涂恍惚之下缴卷出场，情形已不乐观。等到三场考试时，却因怀藏挟带被视为作弊而取消资格，于是乎“举人渐休，秀才依旧，垂头丧气街前走”。隔了若干天，榜发之后，从布政司中领得自己的考卷来看，却是：

通篇看完，未见一圈，伤心错字糊涂缮。

然则即使不是因怀挟被斥，这样的考卷也决无中举希望。这就好像大专联考中的数万考生，有多少人根本是录取无望而只希望来碰运气的。运气不好，考试不中，于兴味索然之外，却也心怀坦然，抱着下次再来的心理，准备再碰以后的运气。至于那些文章确实做得不错，只因考官无眼而不能取中的落第者，就不免在痛骂考官去取不公之外，进一步连所受到的考场苦楚也骂进去了。昔人有诗云：

“三场辛苦磨成鬼，二字功名误煞人”，正是指此而言。

科举考试中的考场辛苦，最苦的要算是号舍之逼仄湫隘与卫生条件之恶劣。由于屋小房低，居住在其中已经极为不便，如果再加上龌龊臭秽，那滋味如何能够消受？然而事实上这种情形却是很多的。因为一行行号舍的末尾必定是放置便桶之所，便桶之边亦是号舍，其名曰“底号”。被分配在底号附近居住的考生，三天之中，天天要忍受数十人之排泄物所发散出来的臭秽之气，如果适逢天时燠热，更加不堪，真会把人逼得成为精神病。古人重迷信，考场中遇有疾病意外或中恶晕厥，每被疑惑为冤鬼寻仇。于是乎更使考场生活添加了很多迷信恐怖的色彩。考生中如有行止有亏的，也真的会在这种环境中因疑神疑鬼而发生意外。《儒林外史》第四十二回，“公子妓院说科场，家人苗疆报信息”中，就有极精彩的描写。类此的恩鬼怨鬼故事，在其他笔记小说中更多，无须笔者在此赘述。所值得一提的，乃是在各种笔记小说中所未曾说到的，考生在考场中死亡以后的情形，究竟如何。

据郭则沄《洞灵小记》所说，清代制度，考生在考场中死亡，其尸体不能开龙门运出，必须用绳索捆绑，以架空之法吊出棘闱墙外，其名谓之“打天秤”。郭则沄说，被打天秤的鬼魂，阴灵不昧，往往仍在贡院中留滞不去，而发生其他的故事。他在《洞灵小记》中就记有这样一则故事说，太原试院中的白字巷中有鬼，盖亦打天秤者。其鬼魂不得出贡院，而其灵柩又无人前来运回安葬，以致鬼魂漂泊无归，时出显灵，每每在乡试时为人捉刀，借此希望得隽之人能够替他运柩归葬。因有此鬼捉刀而得捷的考生，前后已有数人，而此数人后皆食言背信，并无一人为他运柩归葬。直到最后遇到一个诚笃守信之人，感于此鬼相助得捷之恩，在中举之后，真的为他招魂载柩，归葬于泽州之故里，从此之后，此鬼方在太原试院中绝迹。假如这一则故事确实可信，那么，鬼魂之事并非全然无凭，而考场中所发生的无数恩怨故事，也就未必全是凿空之虚构了。

陈眉公与袁子才

清朝乾隆时的大诗人袁枚，字子才，号简斋，浙江钱塘人，乃是当时有名的风流才子与名士。他在南京小仓山所筑的“随园”，名闻遐迩，因此人又称之为随园老人。袁子才以大诗人而为大名士，虽然名重一时，其中实在充满了卑鄙龌龊的丑事，甚为有识之士所不齿。同时代的剧作家蒋士铨撰《临川梦》一剧，借明末隐士陈眉公之名刺之，云：

（净披巾素氅苍髯，扮隐士上）妆点山林大架子，附庸风雅小名家。终南捷径无心走，处士虚声尽力夸。獭祭诗书充著作，蝇营钟鼎润烟霞。翩然一只云间鹤，飞来飞去宰相衙。老夫陈继儒，字仲醇，别号眉公。江南华亭人也。少年颇工八股文字，做秀才时，与董思白、王辰玉两人齐名学校。年未三十，焚弃儒冠，自称高隐，你道这是什么意思？并非薄卿相而厚渔樵，正欲藉渔樵而哄卿相，骗得他冠裳动色，怎知俺名利双收。……

以下还有极长的道白，自叙他假借隐士名义欺世盗名的各种手段。极不光明，也极其不堪。最后的一段是：

（大笑介）自古至今，一个穷工极巧的买卖，竟被我陈眉公做化了。即使天下后世有人看破行藏，又当不得我的书画实在精妙，他们也不忍一笔抹倒。何况我的香火子孙布满艺林，这一个隐逸之名，真个安如泰山，稳若磐石也。

读《临川梦》者，如果不了解蒋士铨撰写此剧之目的，实在是在借陈眉公之名嘲骂袁子才，而误认为明末隐士陈眉公便是如此这般的人物，那就不但误会了蒋士铨的真意，也辱没了陈眉公的人格了。就事论事，陈眉公固然也借了“山人”、“隐士”之名义交结公卿名流，借以博时誉而享实利，其人格毕竟要比袁子才高尚得多，其生平行事，也绝不会像袁子才那样地以淫邪名为风流，借隐遁掩其龌龊。这其间的分野极大，不可以没有区别。

明人李延昰所撰的《南吴旧话录》，专记明代松江、苏州两地人士的言行举止，乃是极好的一部人物掌故书。此书中所记的陈眉公言行甚多，抄录数条于后，借以见其一斑。

陈眉公客洞庭东山，慕之者蚁集。然非有诗文字画之及者，非一菜一果必不肯受，曰：无故而施者易，无故而受之则不易。吾非疑施者之必望报，在受者自当不负其施。

琅玡极爱陈仲醇，使子冏伯相资曰："仲醇不凡，读书论事皆有手眼。其诗文能不涉吾一笔，岂能苟为雷同者？"

董文敏曰：余与眉公少同学，公小余三岁。性敏心通，多闻而博识。余师畏公，不称兄弟行也。

上文所说的"琅玡"，指当时的大文学家王世贞；"董文敏"，则是当时的书画名家董其昌，号思白，官至礼部尚书，谥文敏。王世贞负一世之重名而对陈眉公推重如此，可以想见文才不凡。董其昌出身高科而官至尚书，尚且自谦为不敢与陈眉公为"兄弟行"。凡此俱可以知道陈眉公的才学，确有过人之处。至于第一条中所引的陈眉公言论，更可知他是一个不肯妄受之人。以上种种才学与品德之卓荦不凡处，已尽可驾袁子才而上之；至于另一项有关他的生平行事，就更不是袁子才之所能及了。

照李延昰《南吴旧话录》的说法，陈眉公另一项高尚的德行是"博爱"。由于他的名气太大，每年来请他做寿序与写墓志铭、碑传之类文字的人极多。他对于这些有丰厚润笔收入的应酬文字，通常不是即到即写，遇有可以积压的，常常将它们压到最后才写。每到年底，他都把老年贫苦的秀才同学找来，殷殷询问他们过年所需的款项有没有着落？还需要多少钱才能打发过去，约莫算过一个大概之后，他就将积压在那里的寿序志铭之类请托信取出来，按照所送的酬金数目，一一分配给老同学们，请他们代为撰写，并将酬金亦照数付给他们。在如此这般的安排之下，这些老同学们便有一笔可观的收入足以应付过年所需了。至于他们所写来的寿序与志铭文字，实际上仍是需要陈继儒另行修改润饰，甚至重新写过之后，才能拿得出去的。陈继儒之所以要如此作法，无非借此为名，使受银者可以心安理得而已。像这样替人设想得如此周到，有周恤之实而不居周恤之名的高尚行为，又岂是慕膻逐利的袁子才所能比拟的吗？所以说，蒋士铨借了陈眉公的名义讥骂袁子才，既高抬了袁子才，也贬损了陈眉公，这种写法，实在是有欠公平的。

边大绶虎口捋须

明朝崇祯年间，陕北连年饥荒，赤地千里。因明朝政府对清朝的战争业已持续多年，征调转输，岁无宁日，赋敛繁重，民不聊生，加之以饥馑无食，爆发了农民起义。当农民起义初起之时，所谓农民起义军，无非只是一些逃死自救的穷民，啸聚山林，劫掠为生。但因政府抚驭无术，忽剿忽抚，政策不定，贫民参加起义军者日众，农民起义军的声势日盛。到了崇祯八年（1635 年）时，著名的起义军，已经有了所谓“十三家”、“七十二营”的名目。其时，高迎祥号称闯王，与张献忠及老回回，革里眼、混十万、过天星等各为一家，李自成则只是高迎祥属下的一支，号称闯将。

高迎祥在崇祯九年七月被陕西巡抚孙传庭所击破，他本人被俘获，送往京城，磔死。余党共推李自成为闯王。

最初，李自成也像其他农民起义军一样，纯以流劫为事，过一府则破一府，过一州则破一州。所以李自成的名气尽管日盛一日，老百姓对他却只有憎恨与敌视。各地人民为了自保身家，甚至只好并聚坞堡，发展自卫武力，以与农民起义军相抵敌。后来，李自成的军中多了两个重要的参谋人物，一是河南杞县籍的举人李岩，另一个是河南卢氏县籍的举人牛金星，有知识分子为李自成策划政略战略，不但使李自成的起义军本质发生根本变化，也使明朝政府与农民起义军间的政治情势发生了极大的变化。其中，尤以李岩对李自成的影响最大。

李岩所教给李自成的是要他审察大势，顺应民心，以进图天下。当时的百姓正为贪官污吏及苛捐重税所苦，李岩教李自成惩治贪官劣绅、绥辑地方、散发仓谷、赈济贫民，一改过去的剽掠残杀作风，果然收效甚大。其结果，是使农民军统治之下的老百姓，感觉到如出水火而登衽席，甚至编了歌曲来欢迎李自成，说是：“迎闯王，闯王来了不纳粮。”河南省的许多州县，都自动前来归附，愿为李自成的臣民。情势发展至此，李自成显然已逐渐成了气候，势将图王定霸，与明朝皇帝一较短长。到了此时，明朝政府方才认清李自成是农民军中最可怕的敌人。而在这时，各家农民军亦皆先后被消灭归并，只剩下李自成与张献忠这硕果仅存的两家了。

这时，在李自成的老家陕西省的米脂县，传出了一些谣言，说是李自成家祖坟的风水甚好，其墓穴系仙人所定，坟中置有铁质的灯擎，中燃长明灯火，说是“铁灯不灭，李氏当兴”，当时李自成的王业将成，显然是仙人的预言灵验。米脂县的两个秀才艾诏和贺时雨，将这件新闻报告给陕西的三边总督汪乔年，建议他从速去破李家祖坟的风水，以制李自成的死命，崇祯皇帝在得到汪乔年的转报后，觉得此事十分重要，立即降旨令汪乔年采取行动。于是，就随即发生了掘李自成祖坟的事。

李自成的祖坟，据说是在米脂县城北二百里，地名三峰子的乱山中。其地山势险恶，林木丛杂。由于地域辽阔，而且年代久远，若无确切的线索可凭，要想在这一片辽阔的山岭旷野中寻找几处年远无迹的荒坟，何异大海捞针。所以，这件事看似简单，执行起来却实有困难。

当时，在米脂县做知县的，是素有“健吏”之称的边大绶。此人籍贯是北直隶的任丘县，在崇祯十二年（1639年）中举人，崇祯十三年就被派来米脂县充任知县。米脂县地处陕北穷荒之所，加以连年的灾歉和兵燹，人民流离死亡，存者无几，其中大部分是农民军，或是农民军的姻亲。当时李自成的势力日盛一日，凡属农民军，都沾沾自喜。即是并非农民军之人，亦不敢招惹是非。边大绶接到督府转来的旨意后，衡量局势，知道他绝不能让这事让当地人民知道，以免招来阻力，他所计划的，是如何能掌握到有力的线索，确切查明李自成祖坟的所在地，然后以迅速的行动一举加以掘毁，使农民军无所措手。由这一点来看，边大绶之被称为“健吏”，确实可以当之无愧。

边大绶先将原首告人艾诏、贺时雨二人请到衙内，与他们商量应该采取的行动步骤，随即又将县署中一个姓孙的差役逮捕起来，加以秘密审讯。边大绶根据可靠的情报，知道这姓孙的差役其实是李自成的族人，冒姓孙，乃是农民军的耳目。既是农民军的耳目，又是李家一族之人，当然知道李自成的祖坟所在。此人在猝不及防的情况下被捕，又经不住三番四次的严刑拷讯，终于说出了李家祖坟的确实所在地——其地在县北二百里的李家村，村外乱山中有排列成圆环形的坟墓十六座，其中央一座，即系李氏始祖之坟，亦即传说中由仙人定穴的那一座。

情报既已确实，边大绶当即采取行动。崇祯十五年（1642年）正月十四日，他亲自督率县中的伕役入山寻访，并由艾、贺二人前导。至县北二百里，山径仄险，林木丛杂，地名称为三峰子的地方，果有一处李家村。村外累累荒冢，排列成圆环形，数之，其数共计二十三座，当是十六座之外另有增加的。将中央一座掘开，墓中果有铁灯，火光尚荧荧然。破棺发尸，尸骨呈青黑色，体生黄毛数寸。这是见于边大绶顺治元年（1644 年）上奏摄政王多尔衮自陈伐李自成祖墓启本中所说的情形。另据原启本说，李自成之父李守中墓中，有白蛇一条，长一尺二寸，“头角崭然”，似乎颇有成龙之像。这一段记事，见于他书记载的就颇不一样。如《明史·汪乔年传》云，发掘李自成始祖墓时，“斫棺，骨青黑色，黄毛被体。脑后一穴，大如钱，中盘赤蛇，长三四寸。见日而飞，高丈许，以口吞日色，咋咋者六七反而伏。乔年函颅骨并腊蛇以闻”。又徐鼒《小腆纪年》卷一所记亦同。如照边大绶所说，李守中墓中之蛇，与仙人点穴之事并无关连，所谓李氏祖坟与李自成王业相关之说，亦可知本无其事。至于李守中墓中白蛇“头角崭然”，似乎只是妆点附会以故神其说的。

但如照《明史·汪乔年传》及《小腆纪年》二书所记，李自成祖坟中果有赤蛇之异，则仙人点穴之说便俨若确有其事。今祖坟既被掘破，赤蛇又被腊制献呈皇帝，则李家风水已破，李自成的王业当然不能成功了。这种说法，在迷信神鬼的古人心目中甚具影响，也很可能便是汪乔年所故意制造出来鼓舞官军士气的。试看乾隆年间所修《襄城县志·汪乔年传》中便有一条记载，说："发闯逆墓，得一小蛇，遂督师出关，斩蛇以徇，誓于众曰……"前面已说腊蛇献京，这里又说斩蛇徇师，可见诸如此类的说法，其作用都不过是在激励士气，打击敌方而已。其实际上所收到的效果如何，虽然不能知道，但李自成确已衔之刺骨了。

这年夏间，汪乔年奉旨率师出潼关，往河南讨李自成。李自成见报仇的机会已到，倾尽精锐来攻，乔年阵殁。一个仇人虽已杀死，但屈指算来，尚有艾诏、贺时雨、边大绶这三个人未曾捉到。当时李自成在河南的势力虽大，但潼关尚在明朝官军手中，李自成到不了陕西，便对此三人无可奈何。话虽如此，李自成姻党中尚有在陕西做官的。如知府艾朝栋等即是。他们为了要代李自成报仇，便竭力设法倾陷边大绶，使他在考续中降调去官，边大绶因此交卸县篆，携眷返回北直隶任丘县的原籍。这是崇祯十六年（1643 年）七月间的事。这年十月，李自成的大军攻破潼关，入陕西，陕西全省迅速陷入李自成之手。不久，李自成便在西安做了皇帝，国号大顺。在米脂县的艾诏和贺时雨二人，即刻被逮到，寸磔而死。假如边大绶尚未去官，此刻便也难逃艾、贺二人的命运。塞翁失马，焉知非福，边大绶因艾朝栋等人的排挤失官，反倒救了他的一命，人世的祸福，真是颇有不可思议的地方。

然而，事情也并未如此容易了结。崇祯十七年（1644年）正月，李自成的兵力已经由陕西伸向山西，更由山西向北，经大同入居庸关；向东，由娘子关出真定。直隶府县多数失陷，京师震动，情势如此危急，任丘亦旦暮不保。边大绶的一家大小都惶惶不安，希望边大绶赶快设法逃走，以免坐以待毙。然而边大绶却坚持不走，他说："一身可隐，其如入口何？即妻孥可捐，父母何赖？况同堂手足，一公族众，宁忍全一人之生，贻多人之害乎？"他的这一看法，事实证明是正确的。而且一人做事一人当，决没有临难苟免，贻害家人之理。他这种有作为有担当的勇气，倒也是很光明磊落，值得钦佩的。

崇祯十七年（1644年）三月十九日，京师破，崇祯皇帝吊死煤山，明朝算是亡了。李自成以大顺朝的天子正位北京，看来似乎大局已定。自此以后，一方面是搜刮明朝公卿贵族的金银财宝，一方面是封官拜爵，打定大顺朝的基础。事情到了这一地步，边大绶自己想想，当年的掘祖坟破风水，其实是多此一举。这不但于事无补，而且与当朝的皇帝结下深仇大恨，自己的性命也朝夕不保，真是所为何来。然而，边大绶尽管提心吊胆地在恐惧中过日子，李自成那边却始终没有动静。为什么没有动静？这正是教人越想越害怕的地方。

事实上，李自成并没有忘记边大绶的掘坟之仇，只是他的事情太多，一时还想不到。此时，他正因收夺陈圆圆一事与明朝的宁远伯吴三桂闹翻了脸。吴三桂本来已经带领了他部下的兵将，从山海关前来北京投降大顺皇帝，走到半路，得到爱妾陈圆圆被夺的消息，一怒而去，据住山海关作负隅之守，李自成只好自己带领大兵前去山海关征讨。有这许多周折，边大绶的事，一耽搁竟是一个多月。

李自成率领大军亲征，其结果是意想不到的糟糕。原因是吴三桂搬来了清兵作帮手，关前一战，李自成的数十万大军一败涂地，大顺朝的皇帝仓皇逃回北京，后面有吴三桂和清兵在追赶，皇帝的龙庭是坐不成了。到了此时，李自成将他在北京城中搜刮得来的数百万金银财宝，统统驮上马背往西撤退，打算再到西安去做他的皇帝。临到撤退时，他想到他的皇帝命运之所以会如此乖舛，大概便是祖坟被掘，风水已破之故。他这才记起了在任丘县还有一个该死的边大绶没有被抓来杀掉。于是，他下令去抓边大绶。于是，大顺朝的任丘知县曹怀玉将边大绶传到，交付给大顺皇帝派去的特使吴姓与白姓者二人。这时已经是崇祯十七年（1644 年）四月二十九日。

边大绶后来将他被捕以后的经过写了一篇《虎口余生

记》，叙述他在四月二十九日被捕之后，即被严密看管，一家老小，亦均被捕下狱。五月初一日，被解西行，是日至肃宁县。初二日至安平县。初三日至无极县。初四日至真定府城，喧传“万岁爷”圣驾将至，农民军咸相揶揄，问：“此即掘墓人耶?”初五日，天甫明，即有人来传报“驾至”，特使吴姓者带边大绶往候，鹄候甚久，始知李自成已过去。在道旁等候时，见农民军老幼参差，伶仃狼狈，其数极众，方知李自成确已败逃。是日复西行，至获鹿县之上安。初六日，至固关。初七日，至山西平定州。初十日，至寿阳县。此时，李自成所部已部伍零落，押解边大绶的农民军沿途不能得到补给，需自行寻觅粮草，自行炊饭及喂马。杂事既多，对边大绶的防范便不免松懈。于是边大绶得以乘隙在晚间逃出，白昼则藏身于山畔土窟，夜晚则向东乱走。至次日天晓，已脱出贼兵势力范围以外，又得当地乡民指点，始能投身在一处僧寺中寄宿六日，休息体力。离寺之后，边大绶继续向东问路而行，饥则乞食，夜宿山庙。因娘子关及固关尚有贼兵把守，不敢过，遇乡人识小路者，随之由万山丛中攀山越岭，绕出关前，由此才返抵真定。五月二十九日，边大绶回到任丘，距被捕之日，恰为一月。边大绶与家人再见，恍如隔世。因名所记为《虎口余生记》云。

边大绶因掘墓而触怒李闯，有如蹈虎口而捋虎须，在当时虽不觉可怕，其实则险不可测。试看参与掘墓的主角四人，其三人皆先后因此送命，边大绶亦且一度被捕，几作刀下之鬼。若不是李自成因兵败狼狈逃遁，边大绶决无逃走的机会。因轻捋虎须而致身入虎口，又居然能幸逃一死，这种机会实在太少。名之为虎口余生，正是最恰当不过的比喻了。

两百年前的女权思想
先驱人物李汝珍

中国近代以来的女权思想，渊源于国际女权运动的启导，于民国十三年（1924 年）三月八日，政府开始正式纪念国际妇女节，方才逐渐确定有关妇女的各种权利。但是，中国的女权运动虽然起步甚晚，而早在两百年前的清朝乾隆、嘉庆年间，小说家李汝珍居然就在他所写的《镜花缘》中发表了他的女权主张，实在不能不说是中国女权思想史上的一个奇迹。

李汝珍，字松石，河北省大兴县人。他的出生时间，约在清高宗乾隆廿八年（1763 年）。早年从歙县凌延堪学，论文之暇，兼及音韵，所以他在音韵学方面的造诣颇深。

但在科举考试方面并不得意，只做过河南某县的一个县丞而已。科举时代最重视“功名”，没有功名的杂流，仕进困难而前途也很有限。李汝珍既不能在功名仕途方面得意，晚年乃专意于音韵之学，并因兴趣所及，写成了一部寓言体的小说《镜花缘》，凡一百回，约三十万言。他的朋友孙吉昌在《镜花缘》书前题词曰：“咄咄北平子，文采何陆离！生有此异质，乃不拥皋比。……而乃不得意，形骸将就衰。耕无负郭田，老大仍驱饥。可怜十数载，笔砚空相随。频年甘兀兀，终日唯孳孳。心血几用竭，此身忘困疲。聊以耗壮心，休言作者痴。穷愁始著书，其志良可悲。……古今小说家，应无过于斯。……”李汝珍在晚年穷愁不得志的心情之下写成《镜花缘》这部小说，在当时虽然并未造成文坛轰动，然而他流露在书中的女权思想，却能在中国女权史上占有一定的地位，很值得后人称道。

《镜花缘》的整个故事，以唐敖、林之洋、多九公三人的海外游踪为架构，导引出一连串十八世纪中国式的《海外轩渠录》，所构想的海外奇谈多而有趣，令人赞叹李汝珍的想象力十分丰富。在此书第十六回出现的黑齿国，第五十回出现的两面国，第三十三回和三十四回出现的女儿国，以及第四十回所出现的武则天恩诏德政中，处处都可以看出李汝珍对妇女权利的主张，其思想之新颖与见解之高明，不能不使人衷心佩服他是一个高瞻远瞩的前进人物。

古代中国人一直主张“女子无才便是德”，所以在专制时代的中国女子教育，一直处于被压制的状态，得不到适当的发展机会。李汝珍很不赞成这种不公平的制度，因此《镜花缘》中有一个黑齿国，乃是他寄托女子教育理想的乌托邦。

黑齿国的人民全身漆黑，甚至连牙齿也是黑的，可知他们与现代的非洲人无涉。根据林之洋的打听所得，黑齿国的风俗，无论贫富，都以才学高的为贵，不读书的为贱，就是女人也是如此。到了年纪略大，有了才名，方有人前来提亲；若无才学，就是在大户人家，也无人同他婚配。因此他们国中不论男女，自幼都要读书，教育极为发达。只因黑齿国学校所教读的经书都传自中国，唐敖、多九公二人出身中土庠序，自觉其所学一定胜于黑齿国人，在毫无心理戒备的情况下，闯到一处女塾中去大放厥词，以为足可任其师表。却没料到他们所遇到的虽然只是两个十四五岁的女童，却是学富五车的渊博才女。一番切磋问难之后，负才矜胜的多九公被她们诘责得辩竭辞穷，恨不得有个地洞让他钻进去。幸亏林之洋在这危急时刻撞进来兜卖脂粉，才使唐、多二人趁势脱身。即使如此，也已让他们吓得惊惶失措，面如土色了。海外番邦的女子教育如此发达，不但使唐敖、多九公大感意外，在读者心目中何尝不是闻所未闻的新奇事。然而因为这只是李汝珍所杜撰出来的海外奇谈之一，因此可以认为是李汝珍女子教育的理想。

古代的中国人除了主张女子无才便是德，以便女人永远可为男人压制之外，更有不平等的婚姻伦理思想，主张男人可娶三妻四妾，而女人只能从一而终。这在李汝珍看来，也是歧视女子权利的不平等现象。因此他在《镜花缘》第五十回的两面国中写道，强盗首领希望纳妾，结果被他的压寨夫人痛责四十大板，打得强盗首领皮开肉绽，血肉横飞。那压寨夫人一面痛打强盗首领，一面数落他的罪状说："你们作男子的，在贫贱时，原也讲些伦常之道，一经转到富贵场中，就生出许多炎凉样子，把本来面目都忘了。不独疏亲慢友，种种骄傲，并将糟糠之妻也置诸度外，这真是强盗行为，已该碎尸万段，你还只想置妾，哪里还有个忠恕之道，我不打你别的，只打你个有己不知有人。……总而言之，你不讨妾则已，若要讨妾，必须替我先讨男妾，我才依哩！我这男妾，古人叫做面首。面者取其貌美，首者取其发美，这个典故并非是我杜撰。自古就有了。"强盗头子希望纳妾，他的压寨夫人就要讨男妾，这种彻底均权的男女平等思想，比起现代人还要进步。试看现代人虽然高唱男女平等，男人中仍不乏有妻小却还有外室的，妇人却不曾听说亦可享有此项权利。由此而言，李汝珍的男女彻底均权思想，实在比现代社会还要进步的多。

两面国的压寨夫人因强盗首领意欲纳妾而痛加杖责，还只不过是显示李汝珍的男女彻底均权思想而已；在镜花缘第三十三回、三十四回中，李汝珍简直就把这种男女彻底平等的思想付诸实现了。在这两回书中，李汝珍编织出了一个女儿国。女儿国里的男人和女人，其权利义务恰好与一般情形相反，女主外而男主内，女人可以娶妻纳妾，而男人只好乖乖的主持家务。所唯一不同的地方是，那个国家称女人为男人，称男人为女人，称谓一经颠倒，双方的权利义务也就彼此易位。于是，向来逞威使权惯了的男人在这里变成了被男人欺侮的女人，向来被男人欺侮的女人则变成了可以欺侮女人的男人，事情之滑稽有趣无过于此。更有甚者，李汝珍在这两回书中还穿插了一段林之洋被迫缠足的故事，更可为当年被迫缠足的千万妇女一吐心中之怨气，看起来更充满了离奇怪诞之感。

林之洋本是《镜花缘》中三个男主角之一，是船东亦是货主，跑外洋的目的就是为了贸易经商。到了女儿国时，他照例拿了船上的货物样品去寻买主，一头撞到宫里，被女儿国的国王看中，强要纳之为妃。这一来可让林之洋惹了麻烦，不仅被拘禁在宫中，国王还强迫他穿耳、缠足，受尽了各种痛苦。缠足之时，有臂粗力大的白须宫娥拿起足帛来狠命裹缠，如不听命，自有竹板与吊足之刑伺候。半个多月缠裹下来，林之洋的一双大脚，硬是被扎裹得只剩几根枯骨而“两足甚是瘦小”，至于因骨折肉烂所受的无穷痛苦，更有极为详尽生动的描写。在这一段完全杜撰的故事中，李汝珍借林之洋的切身痛苦来显示旧时中国千千万万的妇女所遭受的同样痛苦，可谓入木三分，深刻之至。胡适先生曾赞美《镜花缘》里的这一段文字，是可以永垂不朽的反映妇女问题的最佳作品，由此可看出李汝珍对当时妇女所受不幸遭遇的同情态度。

胡适先生认为李汝珍是一个留心社会问题的文学家，他想借海外奇谈的虚构故事来讥评中国的不良社会习惯，因此撰成了这部《镜花缘》。反映在《镜花缘》中的不良社会习惯甚多，对妇女抱不平与为妇女主张权利，只是其中的若干部分。除了上述种种之外，在《镜花缘》第六十八回中，李汝珍还借了婉如和亭亭的一段谈话，说出了他对女子参政的主张。可知他的思想显然更希望由消极的消除不平等，进而积极地主张女子应与男人享有同样的政治权利。李汝珍生在两百年前的古老中国，而能有如此进步的女权思想，实在应被推许为女权思想的先驱人物。无怪乎胡适先生在研究《镜花缘》之余，要竭力赞赏他在这方面的不平凡表现了。

清代的候补官

官员而有候补，这是清代政府特有的现象。清代末年的政治黑暗，政治风气贪污腐败，这是候补官员泛滥的最大主因。

所谓候补官，意指虽有做官资格而必须等候补缺。这话听起来十分稀罕——既然有了做官的资格，为什么还需要补到了缺才能做官呢？既然还没有补缺做官，怎么又可以被称为官呢？比如现在，大学毕业或高、普考及格，都具备公务员的资格；但在未成为公务员之前，决没有人称之为公务员，他们也不会以公务员自居。而在清代，偏偏就是如此。候补官虽然尚未补缺得官，却一样具备官员的身份与资格，京里有候补郎中、候补主事，各省有候补道、候补知府、候补知县，以至最低级的候补县丞、候补典史、候补巡检，从最高品秩的四品道台至不入流的仓大使，河泊所官，等等，一应俱全。他们的来源主要是，科举出身的由于考试，“荫生”由于父祖的余荫，“保举”由于功绩，“捐纳”由于出钱购买。这些人之中，捐纳一类的人数最多；捐纳再经过一番保举，更是从社会步入仕途中的捷径。

由于候补官满天飞，而额定的官缺太少，为了得缺，就需要施展出各种手法来钻营图谋。于是使得当时的官场充满了各种各样的坏现象，自拍马吹牛至苞苴贿赂，举凡一切可以供钻头觅缝之用的手段，无所不用其极。清末的李宝嘉和吴沃尧，利用这些材料写成了两部著名的“谴责小说”——《官场现形记》和《二十年目睹之怪现状》，直到现在，还被人誉为反映时代而讽刺政治黑暗的好小说。胡适先生推崇它们，甚至将其与《水浒传》、《红楼梦》、《西游记》、《儒林外史》并列，称之为中国旧小说中六部最成功的小说。话虽如此，这两部书在现代人的眼中看来，未免已稍有隔膜。他们并不能十分懂得，清代末年何以会有这么多的候补官？更不能懂得这些人为什么不肯去从事别的行业，偏要在卑鄙污秽的官场中去过如此龌龊下流的生活？这种需要以历史现象来解释的时代背景，如果不加以一番注释说明，读起这些书来，还真是有点隔阂难通哩！

清代末年为什么会有这么多的候补官呢？这话得从明朝说起。清代沿袭明代制度，入仕的资格有三种：科举、荫袭与军功保举。明朝亡国，是因为明朝末年对外战争连年不息，政府为筹措军费而一再加征田赋，弄得老百姓民穷财尽，北方各省流寇大起。因流寇大起而军费一再增加，因军费一再增加而流寇问题更加严重，如此恶性循环的结果，终于导致流寇攻破北京，崇祯皇帝自缢煤山。明朝灭亡，清兵也从山海关进来了，从此中国的主人变成清朝。

清朝定鼎中原以后，鉴于明朝亡国的原因是加赋太重，官逼民反，所以从顺治皇帝入关之时起，就定下一条“祖训”，规定后世的子孙绝不可以增加老百姓应纳的田赋，以免重蹈明朝亡国的覆辙。这一“祖训”，自顺治、康熙朝以来，一直到清朝亡国为止，始终遵行不改。但这里面当然也有问题——如果遇到国家发生变乱或是重大的灾荒，每年额入的赋税不敷支用，那时候应当怎么办呢？在太平天国运动时期，清朝政府所用的办法是，不增田赋而另征商税（厘金）；但在更早的时候，这一办法还没有被聪明的人想出来，那时候所用的办法便是卖官鬻爵——以开办“捐纳事例”之法来增加收入，弥补国用之不足。康熙皇帝平定三藩之乱时，最得力的办法就是这一“捐官”。陈康祺撰《郎潜纪闻》的“捐官”一条，说：

国家自滇闽两广用兵，始开捐纳之例。始犹经户部斟酌，不至过滥，其后陕西赈灾，出塞运饷等事，则渐泛滥矣。始，商人巴某等初捐即补知府，言官论之，因革去。其后于振甲为运饷都统，则不由户部及九卿集议，径移吏部铨补。于是佥事方面显官，亦在捐纳之列，初任即得补授矣。后左都御史张鹏翮疏言，州县守令教职捐纳冗滥，九卿集议，遂欲通改幕职佐贰等官。王渔洋尚书时贰户部，谓诸公曰："朝廷不可失信于天下。以往可勿论，但当慎之于将来耳。"众以为然，遂罢议。康祺按，渔洋廷议，在当时自是正论，盖捐数本重，捐员亦寥寥无多。若今日则减成折额，辗转售鬻，甚至市一牛之赀，可使显贵其二子，而且丱角之岁，隶名天官，胎姙之儿，预营仕牒。朝廷果毅然停捐，采用前议，将此辈尽改虚阶，亦不为过。否则拘守小信，坐视吏道之沦胥，必待至数十年始有澄清之可冀，恐亦非政体之所宜也。

陈康祺是同治、光绪年间人，他所说的情形，如所谓"减成折额，辗转售鬻，甚至市一牛之赀，可使显贵其二子"，便是清末捐官极为浮滥所见的光景。若在捐例方开，即康熙朝初行捐官之法以谋增加国家收入的时候，则"捐数本重，捐员亦寥寥无多"，实在远不足以严重影响到政治风气。清康熙朝初开捐官之例，所能捐的最高官职，即是上文所说的“佥事方面”。佥事，乃是各省按察使司的正官。清初制度，沿用明制，按察使司的正官凡三种，按察使，正三品；按察副使，正四品；按察司佥事，正五品。按察使掌一省之刑名，有如现代的高等法院院长，职位与权力甚高。至于副使与佥事，则通常是按察使司中分派出去担任“分巡道”的道台。这种办法演进到雍正、乾隆朝后就有了改变，分巡道与布政使司派出的分守道，都一律改称为“道员”，不带按察司与布政司的旧衔。于是，副使与佥事等官都被取消，道员的官职一律比按察使低一级，正四品。于是，后来的捐官，亦以捐到道台为止。再往上就不能捐了。但是，捐官虽然只能捐到正四品的道台，正品以上的虚衔也还可以加捐。清末的实缺道台，最高品有加到从二品的布政使衔，捐官亦可比照此例。加捐到二品衔的道台，因此就可以戴红顶子了。

当太平天国军兴之初，捐例大开，捐一个二品衔的道台，最少得要一万两银子。以当时的物价来说，一石米的价格不过白银一两二、三钱之谱，一万两银子可买白米八千石，折合现时的币值，最少亦得新台币一千万元，实在不能算是小数目。但是渐到后来，捐数渐减，到了光绪末年，居然在“减成折额”的情形下减到二千两银子左右。捐了个二品衔的道台只需银子二千两，较此品秩更低的，自然相形减少。这样一来，捐官的人顿时多了起来。所谓“丱角之岁，隶名天官，胎妊之儿，预营仕牒“，并非言之过甚的夸大之辞。如其不然，《官场现形记》与《二十年目睹之怪现状》中所描写的那许多候补官，从哪里来的呢？

清代的捐官制度，最特别的地方是可以随各人的意愿而定。道台有道台的价钱，知府有知府的价钱，等而下之，直到从九品未入流，各有定价。纳银领照，上面填有捐纳者的姓名与官职，拿了这样一张执照，便可按照执照上所填明的省份，前去报到候缺，等候做官了。拿银子买官，大多买外官。因为在京里只有各部的郎中、员外、主事等官可买，而在部候缺的正途出身之人太多。若捐官而没有什么真才实学，很难出头，倒不如到外省去买个地方官做做。一者缺多易补，再则捞钱容易，最合于将本求利者的愿望。因此，《官场现形记》与《二十年目睹之怪现状》中所写的候补官，百分之九十以上也是写的外省情形。

捐纳之人太多，最受影响的便是那些“正途出身”的进士，举人与拔贡。清代制度规定，一甲三名榜下即授职翰林院中的修撰与编修，即是俗语所称的状元、榜眼和探花，他们的出路最有保障。二、三甲的进士，除了考选庶吉士，也有成为翰林的机会外，余者或分部学习，或归部铨选。“分部学习”，是派到各部去当候补主事；“归部铨选”，则是由吏部挨年分抽签，铨补各省的知县额缺。在候补官不太多的时候，补官还不算太困难。一旦候补官充斥内外，正常的铨补秩序势必要受到干扰。于是，不但候补主事十几年补不上缺，候选知县也一二十年选不上缺。举人由大挑分发的知县，与拔贡归部铨选的官员，情况当然也一样。为了得缺做官，那就需要各显神通了。

清代同治、光绪年间，曾在江苏巡抚衙门中充任文案的湖南人欧阳昱，出身同治十二年（1873 年）拔贡，历居大吏幕府，足迹甚广。他所写的一本书，名《见闻琐录》，对同光年间的政治社会情形，记载甚多，极富参考价值。书中记述当时的候补官情形说：

军兴以来，捐职滥之极矣，而捐职之苦亦极矣。各省候补州县佐杂，动数千百，安得有如许署缺，如许差委？故督抚亦穷于调剂。于是有十数年未得一差委，数十年未得一署事者。捐职中唯道府多巨富。道员到省后，督抚以其官大本大，无论何人，均有一差，每月薪水银百两或五十两，由厘金项下支取。知府二三年中，亦必有差遣，最苦州县佐杂耳。州县中巨富甚少，赀财盈万者，养尊处优，讵肯捐此职？即有，不过十之一二，故中户最多，罄家赀数千金以捐之，不顾其余。至佐杂中则中户亦少，多下户读书未成之人，与游幕无业之辈，邀亲友敛银三、四百两，捐此职到省，初皆谓可获数倍利以归。及至需次已久，资用乏绝，罄家产者无从接济，邀亲友者无颜再告贷，典质俱尽，坐以待毙。予最爱丁雨生中丞奏捐职情形数语，谓："在省候补十数载，贫苦已极，一旦得一署事，又仅一年，于是前十数载需次之费，皆在此一年中补偿，后十数载需次之费，皆在此一年中储积，此时如委群羊于饿虎之口，虽有强弓毒矢在其后，亦必吞噬而不顾。故今日欲求吏治，非先止捐纳不能也。"斯言真能洞达其情。虽然，犹有所未尽者。予见近日候补州县，贫至饔飧不继，饿死在旦夕，不得已借重债以救目前，苟延性命，他曰如何，在所不计。于是有放官债者，谓之"赌子"，言以此为睹也。"赌子"探知其名次在前，三五年可署事，然后放之，非是则不放。其在富翁，则放银三、四、五、六百两，议署事时为账房师爷，息银二分或二分零，账房出息，或平分，或三七分，或全归师爷。彼时急于得银，唯命是听，预先立一关书，所议一一载明，交赌子为凭。其在仆人，则名目甚多。有放银三四百两而议为稿案门上，管一县讼狱者；议为钱粮漕上，管一县征税者。其次放银一二百两，议为签押门上，管一县案卷者；议为办差门上，管一县杂役者；亦书议字，别立借票，其息较重，在三分上下。及委署到任后，彼辈皆如议而来。需次久而借债多者，则署中皆"赌子"。邑有讼事，通贿受赂，颠倒是非，挟制主人，不得不从。缺稍优者，或半年数月，计本利归还，可退出之。如其瘠缺，既不能偿清，即恐卸任到省后思贷钱无人肯贷，故不得不忍气吞声，任其所为。在账房师爷以一本得三四倍利归，或有良心，与门丁通同舞弊者尚少。若门丁辈，如狼如虎，实为鱼肉百姓饱其欲壑而来，并非贪放债之息而来也。故州县为所挟制，往往有支挪公项以还私债者，有声名狼藉、嗟怨载道者。捐职岂皆无天良不愿为好官之人？实迫于势之无可如何耳。若佐杂，谓之“小老爷”，十数年轮署一缺，所出息，多则八九百串，少不过三四百串，谁肯以银放之？兼大半嗜洋烟之人，故其苦尤不堪言。……

这一段话，叙述清末候补官因人数冗滥而补缺困难，以及因举债而受制于师爷门丁等人的实际情形，比《官场现形记》与《二十年目睹之怪现状》等书所描写的，还要来得深入而明白。

由此不难知道，《官场现形记》等书中所描写的官场丑态，确是当时实情写照，不过小说家在其中不免略有点化渲染而已。至于候补官为得缺谋差而施展的钻营奔竞之法，此书中亦有颇为详尽的记述，云：

近日捐职太多，每省候补者，州县动二三百人，佐贰杂职动千余人，仕途壅挤，督抚亦穷于调剂。其初漫无章程，先至省者不得署缺委差，后至者或反得之，人颇不服，于是定轮委之法，委署委差，于先后班次轮去。然而姑苏州县三十三缺，实任者已过半，外仅十数缺，轮署候补几三百人，非二十年不能轮一次。于是各省有拔委之法，谓有劳绩，可由后拔在人前署委也。佐贰杂职亦然，委各差亦然。此法既开，于是有求"帽子"拔委者。何谓"帽子"，盖求大官写八行书关说，情不能却，势不能违，从上而来，如帽子戴在头上也。然有大小之分。如我求他省抚藩信至，彼求尚书侍郎信至，则我帽子小而彼帽子大矣。如我求尚书侍郎信至，彼求军机宰相王爷信至，则我帽子仍小，而彼帽子更大矣。藩司委优缺优差，俱据此而定。故候补无人情八行书者，欲得轮委到班，几于河清莫俟矣。而求帽子之外又有做帽子之法，求恃人，做恃己。大吏无不爱谄媚者，而候补中善于颂祷之人，平日热探大吏嗜好，所好在此则所颂在此，所好在彼则所颂在彼，委曲从容，泯去痕迹，不知不觉入其心坎中，令人意悦而首肯，如是者谓之"做高帽子"。上司既戴上，则其利更厚，更胜于八行书。何也？八行书加之以势，此则浃之于心也。于是奖拔保举，署事实任，升官发财，皆由于此。

一部《官场现形记》中所描写的官场丑恶，自纳贿拜门，人情请托，以至献媚妾媵，钻身狗窦，虽然极见其千奇百怪，然而却可以上面这段文字来概括一切，无非是求高帽子与做高帽子的不同手法变化而已。

清代末年，张之洞为湖广总督，矜意气而喜颂谀，他所罗致的“名士”中，很多便因善做高帽而得其赏识拔擢。可以举得出来的实例，一是梁鼎芬，一是陈衍。

梁鼎芬本是翰林院编修，出身极好，如果循分供职，不难跻身政要。只因他过分迷信星相，认为他在二十七岁那一年难逃杀身之祸，决心要以一件惊天动地的大事来禳解，因此他上奏弹劾李鸿章有十可杀之罪，请求慈禧太后将李鸿章罢黜。当时正值光绪初年，直隶总督兼北洋大臣李鸿章的声望正如日中天，梁鼎芬上了这一道奏折，可想而知，必定要倒大霉。

果然，慈禧太后阅折后震怒，降旨令吏部严格议处。吏部遵旨议覆，将梁鼎芬降五级调用——翰林院编修正七品，降五级调用，降成了从九品的太常寺司乐。这个官当然不能做，梁鼎芬只好告假，隐居到焦山的海西庵中去闭门读书。但读书是没有收入的，这时候的进退出处，实难安排。其后，他的好朋友王仁堪来做镇江知府，不忍看他穷愁潦倒，就代他出谋划策，说：

现今有为之士，不北走北洋，即南归武汉，朝官外出，李（鸿章）与张（之洞）耳。为今之计，对于北李决无可言，只有南张一途。张自负名臣，实则书生，尤重诗文。其为诗也，宗苏、黄而不喜人言其师法山谷，又喜为纱帽语。君诗宗晚唐，与彼体不合，非易面目，不能为彼升堂入室之客也。涉江采芙蓉，君自为之，仆能相助，否则老死江心孤岛耳。

梁鼎芬听了王仁堪的这一席话之后，深自警惕。从此果真尽弃昔日所学，去晚唐而改宗北宋，做诗专尚冷涩、用生典，由此博得张之洞的欢心。先则梁鼎芬被延至武昌充任书院山长，继则由张之洞代为荐保开复功名，屡升至湖北按察使，其后半生的功名富贵，悉由揣摩迎合张之洞的意旨好尚而来。其后张之洞调署江督，端方以湖北巡抚署理总督而亟欲真除，千方百计阻挠张之洞复任，梁鼎芬又从中代为设计筹画，被张之洞探悉其中内情，大为震怒，于回任之后，斥逐梁鼎芬不许入谒，弄得他谢罪不遑，狼狈不堪。《凌霄一士随笔》评论梁鼎芬之为人，说他"行谊颇为人称道，而见识矫伪，遗议亦多"，便是指他在湖北时期的种种趋附迎合行为而言。有学问的人当然也懂得做高帽子的道理。梁鼎芬可为典型的一例。至于陈衍，他所使用的又是另外一套。

陈衍的出身，只是福建的一个举人，只因他在上海办报多年，鼓吹新政，颇著声誉，因此被张之洞延揽到武昌去，以议叙知县的身份充任官报局总理。张之洞虽喜谀颂，而对于颂扬文字则须被认为得体，方能博其器许，陈衍于此似甚为专长。当光绪三十一年（1905年）八月三日，为张之洞七十寿辰。照以往旧例，寿辰向不许称觞为贺。张之洞开府湖广后，逢五十、六十整寿，如有人送寿屏，只抄录所撰寿序而退还原屏。到了这年，更先期传谕巡捕，并寿文亦不许抄录，其他祝寿之物更不用说了。

湖北省的大小官吏对此束手无策，大家都来向陈衍讨教。陈衍为他们出了两个花样，一是撰一序文，首段略言张督六十岁以前的事业已在六十寿序中备述，其后则将张之洞六十岁以后的政治施为，仿照唐人郑亚所撰《会昌一品制集序》之体例，分为二十八节，每一节叙述一事，最后则有一总结。另一个是从正史中采辑历代将相节镇的生平事迹，凡与张之洞的事迹相似者，每一传采一条，百传采百条，每条注明出处，有如赞颂铭文，隐寓祷祝百龄期颐之意而不明白说出。张之洞看了这两篇文字之后，果然大为欣赏，吩咐写在册页上送作纪念。陈衍的这类揣摩花样既能大得张之洞的欢心，他在张之洞心目中的地位当然也较为重要了。

关于梁鼎芬、陈衍在湖北所做的那一套功夫，欧阳昱《见闻琐录》虽然称之为“做高帽子”，在湖广总督衙门则别有一名，称之为“走心经”。当时以善走心经著称于时者，除了梁、陈二人以外，还有一个大诗人樊增祥。虽然这已是比较高尚风雅的拍马行径，但其目的既在求功名富贵，其行事便当如一般风尘俗吏之钻营趋附同科。《官场现形记》与《二十年目睹之怪现状》两书中未曾收入这方面的材料，倒是李宝嘉与吴沃尧的疏漏了。

《官场现形记》与《二十年目睹之怪现状》两书所描写的佐杂候补官之贫寒苦况，在《见闻琐录》一书中亦有起述，云：

予在署中，见佐杂上衙门时，面多瘦而黄，头多俯而下，帽靴多十年前物，袍褂多三十年前物，严寒无一人服皮服，棉袍棉褂或亦补缀十数处，甚有被夹袍夹褂之人，出署则帽靴袍褂以一巾包裹，自提而归，罕用仆者，此亦所谓官者也。值冬月杪，忽有一候补巡检禀辞。时雨雪，我被皮衣，围火炉，犹觉寒甚，而某员身仅一破夹袍，外加一纱褂，两袖与前后开无数缝，内用黑纸粘住，戴破凉帽，无靴，鞋亦破，寒极而颤，两足立不稳。方伯问何往？不觉涕泗长流，曰：“一身饿寒已极，妻子又冻饿将死，无路可生，止有求死一法，欲禀辞往阴府耳。”言毕，眼泪鼻水滴须上，已成冰。方伯悯之甚，先慰之曰：“俟有差事出，即当委汝。”旋发银二十两，命仆随至其家观之。见住一破屋中，妻与子女五六人卧在一床，俱衣破单衣，饿已两日，大者不能言，小者不能啼，其苦可谓极矣。向无捐职一途，彼亦不起此贪心，早习他业，以养此家室矣。

清代末年的吏治贪浊，政治黑暗，一般人以为做官容易发财而捐官又不需多钱，于是游惰者群趋于此，而仕宦途竟成了饿鬼道，读了上面的文字，怎不令人欷歔感叹。由此看来，《官场现形记》等书中所刻画描写的，并不能说是过甚其辞哩！

大老爷升到卑职

清代官场中的称呼，凡是官阶在四品以上者，一概被称为“大人”，五品以下则称为“大老爷”，这是称人的方面。若是自称，则五品以下官员照例自称为“卑职”，自四品以上的知府、司、道，则又自称为“卑府”、“职道”、“司里”，与五品以下官员显然有别。但是不管怎样称呼，“大老爷升到卑职”，听起来总是十分滑稽的事。

事情的来由是这样的：清代的“府”，正印官是四品黄堂的知府，此外则有佐贰级的“同知”，秩正五品，“通判”，秩正六品，在理论上都是州县官的上司，州县官见了他们，照例要将其尊称为“大老爷”。但是知县的品级虽然只是正七品，较知县品秩稍高的，尚有“知州”，秩从五品，对府通判也要自称卑职而尊称对方为“大老爷”，这就有点不对味道了。恰好通判秩满后应升之官中，知州亦为其一，于是就有了这一笑话。

清人汪康年所著《庄谐选录》中有一条说：“国朝官制，知州于通判为属员，公事须用申文。而通判又可升为知州，故为知州者，常意轻通判，而称谓之间，又不得不稍自抑。尝有知州与通判争者，曰：‘俟汝升至卑职时，便知此事难处。’”笑话之由来，出典在此。但如细细考之，其间尚有不实不尽之处。因为通判既是知州的上司，则知州照例要称他为大老爷，岂有“尔”、“汝”相称之理？所以这最后的一句话，实际上应该是：“等大老爷升到卑职的时候，便知道卑职的难处了。”这才是真正精彩传神的地方，特别需要点出来。

诗谜摊

随着科技文明的飞速进步与工商营利事业的日益发达，自社会人士以至青年学子，普遍看重工商理医等赚钱容易的学问，哲学文史之类，几乎被视如敝屣。加上升学考试中的文史等科亦只侧重背诵记忆，于是使得古代中国文人所最感兴趣的文章诗词，变成丢在垃圾堆里的古董。先是无人重视，接下来是大家都看不懂，将来更会演变至何种程度，自更无从预料。所以，要在这里再将古人用来作为游戏的“诗谜”提出来作为谈论的题目，似乎也显得有十分“不合时宜”之感。不过因为这正也是“失落的行业”中的一门，不便将它抛开不说，所以还是将它搬出来“讲古”一番吧！

早在北伐成功，以至抗战发生的二十世纪二三十年代里，上海的许多游乐场所，自大世界、新世界、先施乐园、天韵楼、以至其他的茶楼、弹子房中，几乎随处可以看见有人在那里摆设“诗谜摊”，专门供人猜谜射覆。下注不嫌数小，自铜元数枚以至银币几角均可，打中的赢数是一赔三。由于这种游戏方法容易而富于趣味，所吸引的顾客，颇不在少数。据说，当时摆设在大世界游乐场中的诗谜摊，极盛时有四五十摊之多，每摊每日需向大世界缴付租金银洋二十元。仅仅是这一项租金收入，大世界每月的收入便是银洋二三万元之多，一年可在三十万元以上。当时的白米价格，每担不过银洋七八元而已，则是一个摊位的一日场租需白米三担，岂不是贵到离谱的数目？然而当时居然有那么多的摊位在那里摆设，事实证明他们每日所赚的数目必定远过于此数。由此可知，“诗谜摊”在当时所吸引的顾客有多少，以及此业兴旺的情形为何如了。

摆设诗谜摊所需用的“生财”，十分简单：几块木板拼成的一个活动台面，上面用红纸划分一二三四五等界线，每一界线之内自成空格，摊主在格内写下七字或五字一句的诗句，但其中有一个字是被挖空的，另外在旁边写有意义相近的五个字，请你在这五个字中选择一个配在所缺的空字中，猜中的便一赔三，猜不中的则吃掉你所下的注。

这虽然也像骰子、牌九一样地寓有赌博的味道，但因颇有趣味而需费心机，其中也没有什么可以动手脚之处，所以尽可以使人放心大胆地下注押猜，问题只在你是否能押中而已。

举一个实例来说吧。如唐诗中的“荡荡闻啼鸟”一句，挖去“鸟”字，留下“荡荡闻啼□”，而在旁边另写“莺、鸦、鸩、鹃、鸟”五字，你一看就知道，五个字中以“鸟”为是，押“鸟”字下注，开出谜底一看不错，你这就赢了。但这不过只是举例说的而已，实际上决没有这么浅近的诗谜供你去猜。因为诗谜摊上所开设的谜题，乃是经过专家精心设计，专门从各种诗集中去搜觅不常见的诗句，所挖空的字面又极容易使人上当，所以在是与不是之间，极费心思猜测。诗谜摊之所以能够引人入胜，道理就在这里。兹举例如下：

□情更比此情多

这句诗不知出自何人诗集，被挖去的究是何字，当然难以知道。看旁边所列出的五个字，“思、想、我、才、郎”，无论用哪一个字都颇为合适，推敲斟酌之间，所费心思实多。又如下面的另一句：

□转回肠万解愁

旁边的五个字是：“不、怕、轮、盘、赌”，无论用哪一个字配上也都可以，问题就是弄不清究竟哪一个才是原诗上的缺字。至于原诗上所缺的字究竟是哪一个？这里面就大有玄机，不是单靠学问所能押中的了。

原来当时的诗谜摊出谜，都是根据各摊所备有的“古本”而来的。这些木刻的诗谜古本，每一本上都有几百条上千条的诗句，五字或七字俱全，究竟诗谜上所缺的是哪一个字，对本可知，无所用其欺饰。问题是这些“古本”诗集上的诗句，并非取材于历代名家的诗集，而是专门有人在设计制作的。而且同一种古本诗集，可以有五种不同的印本；亦就是按五种不同的诗谜分别刻印，使人永远捉摸不定。在这种情形之下，你今天看到这家诗谜摊开出来的谜底是“思情更比此情多”，以为所缺的就是“思”字；说不定你明天在别一家看到同一诗谜而押下“思”字时，开出来的谜底却又变成“才情更比此情多”了。如果指责他不应该舞弊，则他取出来对证的“古本”上明明印的就是“才情更比此情多”嘛！诗谜摊赖以生存之道在此，所以它能够确保有猜不完的诗谜和来之不尽的顾客。较此高一等而并不借此为敛财手法的，就不是诗谜摊而是纯属文人结社性质的“诗谜社”了。谜社制谜，所讲究的是典雅高尚，而且既是“以文会友”性质，自然不会有商场中人的欺骗行为。由于其性质已不属于本文的范围。故不赘述。

上海的诗谜摊，最早设立的地方是南市的半淞园。由于半淞园地点偏僻，游客冷落，因此才有人动脑筋把诗谜摊设立到大世界这样游客鲫比的游乐场中去。这个构想果然成功，于是相继效尤者接踵而起，不但大世界摆设了三四十摊之多，新世界、先施乐园、天韵楼等游乐场所也逐渐都有了这种摊位，而且生意兴隆，顾客如云。从前上海的租界地区，法律规定禁止公开赌博。设在游乐场中的诗谜摊必须遵守租界的禁赌法律，所以他们的猜谜赠品表面上只限于听装香烟或包装的香烟。虽然这些“赠品”一出游乐场大门便有纸烟店照价收购，与赢到现钱无异，但到底注额不大，虽是变相的公开赌博，而出入殊属有限。只有那些摆设在租界以外地区街头巷尾的流动诗谜摊，才有纯粹以角子、铜板作赌注的。由于这种流动诗谜摊的启示，上海郊区逐渐出现了小型的赌场，可以充分满足上海人的好赌之心。影响所致，使那些认为诗谜不够刺激的一般赌徒转移了他们的赌博目标，于是诗谜摊由盛而衰。到了抗战发生，敌伪势力伸入上海，赌博、烟毒等一切违法乱纪之事公行无忌之后，诗谜摊便到了寿终正寝的时候了。论其时间，则诗谜摊由勃兴而至衰歇 ，亦不过只有三十年左右而已。

“打诗谜”需要对旧文学稍有根底，否则即一窍不通，即使输赢再大也引不起人们的兴趣。现代人的旧文学根底实在太差，一年一度的元宵灯谜大会虽然人潮汹涌，实际上是看热闹的人多而懂得打谜的人少。灯谜远较诗谜通俗犹且如此，诗谜不能为人所了解则可想而知。然则它在衰歇没落之后已无复兴希望，亦可知矣。这就好像夏夜的暗空中迅速闪现的流星一样，它光芒虽然耀眼，生存的时间却实在太短了。

发财奇谈

发财，该是每一个人都希望的事。俗语说："人无横财不富，马无野草不肥"，然则人之所以能够发财，只靠勤俭努力还是不够的，最简捷有效的方法无过于发横财。现代人发横财的方法靠中奖，爱国奖券及大家乐都属于此类。古代人没有爱国奖券与大家乐可买，就只有寄希望于掘藏与得宝了。

掘藏与得宝是两回事，合并在一起谈就会使文章太长，所以这里只先谈其中之一桩——得宝。

明人姜准所撰的《歧海琐谈》中有两则得宝的故事，说："博陵氏祖，少业鼓刀。有人持一铜铸火柜就易豕肉，别后辨之，实是精金，用是发家致富，以至于今。又有业锻汪氏者，乐产也。营卒以锻属制兵器，甫投炉，火焰有异。汪知为银，诳称锻不中用，钳掷于地，另以己所有者易之，因此富足。盖客商航海，故幻银之形色象锻，以防海盗。营卒得之倭船，倭又劫之于商也。二氏皆以横财发迹，居联桑梓，故知之云。”这一段故事中所说的杀猪屠崔氏与铸铁匠汪氏均以意外之财致富，姜准谓之“横财发迹”，只是很多例子中之一例。诸如此类的故事，正多着哩！

清人王槭所撰《秋灯丛话》中，有两段发财的故事。其中一段见于此书之卷十，云：

顺治初，京师刘某好收买旧物。一日，至崇文门外，有老妪持铁器求售，式类碗而制亦古，重斤许，贱价市之，不解所用。途遇一生，见而问曰：“此前朝禁中物，尔从何处得来？”刘心知有异，诡云：“我固识之，君试言验其同异。”生曰：“嘉靖好道，步斗礼坛，坛燃灯四十九盏，盏金质漆饰。此其一也。”刘镕之不谬，乃造妪曰：“铁器尚有收贮者乎？愿尽沽也。”妪欣然引至屋后地坎内，堆积累累者皆盏也，尽市以归。

以荒铁的价格买得四十九支黄金制成的“铁盏”，此君所得之横财远过于前述之崔黄二人矣。类似的故事，在同书卷十七中尚有之，云：

济南铜工李某，常工作旧绅家，索值无偿，以铜丝数十斤酬焉。镕之，金也。堆积尚伙，李探知之，尽市归。又旧绅某，有铁狮二，高尺许，因贫鬻于市，为锻工徐姓所得。觉有异，磨视之，盖金质而漆饰者。此二物也，其祖父巧于留贻，子孙昏弱，不知而贱售之，亦可为多藏者警矣。

明朝中叶以后的读书人，一旦中了举人、进士做了官，大都是居官则贪，居乡则暴，个个人都家道殷富，财宝充积。钱财多了之后又希望能够防盗防偷，以资留贻子孙，于是设计了这种涂漆伪装的方法，自以为构想十分巧妙，最后却真的被没落的子孙当作破铜烂铁卖掉，白白便宜他人，真可谓天道好还，报应不爽。由于有这种情形存在，破铜烂铁中的金银财宝便着实不少。清人诸联所撰的《明斋小识》中，便另有两条十分惊人的故事，说：

东门钮氏，世开古董店。家传两烛阡，其形鹤，其色黑，久不见鬻。转卖于苏店，又不见鬻，共疑为废物。一日有客来，挼莎良久，论价不昂，酬值挖鹤睛而去。归语同伴曰："顷得一宝。"盖猫儿睛也，细告其故。伴问："阡何在？"曰："废铁耳，仍在他家。"伴遂至店，以数文买归，曰："子误矣，天下岂有饰猫儿睛于铁者？必金也！"熔之果是。又一客见纸铺中以铁压纸，状如础，高尺许，上镌“马”字，问此何用？曰：“系邻家物，想系象棋，尚有车炮士卒之类。”客低头沉思，以手举之，复以指弹之，径诣邻家问象棋全乎？曰：“全，但散置各处，或压菜，或作阶砌，或被他家借。”搜寻半日，竟无缺，便问卖否？曰：“是无用物，平日受其累坠，一旦弃丢，亦得清旷。但未知君将何用？”客酬以值，唤人速畀去，剩一，指曰：“此棋如许斤两，若作戏具，绝无此钝汉。我举之而重，弹之而空，当非铁也。必宦囊多赀，隐金于内，人莫知耳。”即邀铁匠来凿，竟得金。邻人见而呆立，面作灰色。客乃举以遗曰：“聊酬多年藏置之劳。”予素不喜诞者言，而是为朱启佑所目击。

以黄金制成鹤形的蜡烛阡，其体积或者不至太大，但若是高达尺许的象棋子三十二枚，中间所隐藏的金银数量就十分可观了。收买旧古董而能有此意外奇遇，岂有不发大财之理？而事有凑巧，类似的故事，居然在民国时代尚有发现，那就太使人惊叹诧异了。抗战时期在北平出版的《古今文史半月刊》，载有谢兴尧所撰的《旧京古玩行的神话》一文，所记即为民国初年之事。文曰：

几十年前，在南城某一个会馆里，所住的几位，都有古玩癖与搜腾旧货的瘾。这些人白天相聚闲谈，一到黄昏，便各自到小市夜市去蹓跶，以求披沙捡金。中间有一位是专喜爱玩珠玉宝石等“红货”的，有天回来，高兴的了不得，慢慢的由衣袋里取出四颗蓝宝石。大伙儿围拢一看，果然又大又圆，真足称为猫眼，真是稀世之珍，无价之宝。大家不禁齐声喝彩，向他道喜，并赶紧问他是怎样买来的？他说，他闲游到前门夜市，见一老太太手腕上挎着个小藤篮，上面盖着一条旧手绢，向他兜售。问她是什么东西？她说是一对小铜狮子。拿出来一看，周身漆黑，作工极精，最妙的是，两个小眼睛是活动的，可以随便取下安上。再仔细一看，原来是蓝宝石。问她价钱，她说一对共卖十二元。又问她单买铜狮上的眼睛行不行？她说眼睛摘了以后就不好卖，最好连铜狮一齐买，不然请多给几元钱。说来说去，以四元购得四个眼睛，在现下至少可卖百多元一颗，可称是幸运之至。说完之后，便有人问他在什么地方？什么时候？老太太走了没有？他说，看其情形，无眼狮子恐卖不掉，一时绝不会走。问话的人便私自出去，不一会儿的工夫，又将两个瞎眼狮买来。大家看约五寸多长，毛骨如画，取秤一秤，正一斤半。原来这个买狮子的人是有心人，他想，既然以蓝宝石作眼睛，岂有是铜质的道理？跑去仔细审查，虽然狮子全身都被烟熏火燎成了黑色，但从狮腹和弯曲处，还辨别得出是赤金颜色，所以不还价急速的买来，等用力摩擦之后，果不是黄澄澄的一对金狮子？

他把这理由一说，大家又是一阵赞叹。只有光买眼睛的这位先生，自己大骂自己瞎了眼，连金子都不认识！售主老太太那样哀恳，竟没有一点恻隐之心？非不要定了，岂不是量小命薄，无福消受。……

抄撮前人笔记中的发财奇遇，随随便便即能累积到如此众多的文字，除了显示古代中国的金银宝货何其众多之外，连带也说明了“发横财”的事情还真是有的。只可惜台湾的历史太浅短，前代遗物中决无伪装成铁制品的金银宝贝等人去发掘。由此说来，无论是掘藏或得宝，都只有在大陆各地才有此幸运，在台湾是很难遇到的。

鸦片·洋药·烟土

据说纯阳老祖吕洞宾先生曾经写过这么一首《乩诗》:

二八佳人体似酥，腰藏利剑杀凡夫。

虽然不见人头落，会教魂消精血枯。

这首诗的意思十分明显，其目的在于劝诫世上的凡夫俗子，不可贪恋女色，以免纵欲戕身。神仙与佛祖存心济世，他们的劝诫，用意十分可感，所以这首诗也一直留在纯阳祖师庙的灵签里，以便善男信女的觉悟猛省。假如神仙佛祖们生当后世，眼见当今世界上还有这么多的坏东西足以使人迷惑心智而万劫沉沦，一定会有更多劝诫的诗留传下来。比如前时之鸦片与现在的吗啡，它们的毒害，就比女色杀人不知胜过多少倍呢!

清朝的吴嵩梁，曾经写诗描写鸦片之害，说：

罂粟花包米囊子，割浆熬烟诧奇美。其黑如漆腻如纸，其毒中人浃肌髓。双枕对眠一灯紫，似生非生死非死。瘦肩耸山鼻流水，见者咸呼鸦片鬼。富者徇欲甘比匪，贫者贪利不知耻。伦德败坏室家毁，一念之差遂如此。呼吸苟延日余岁，呜呼生已无人理。

鸦片害人，是因为那些已经成为鸦片鬼的瘾君子们只图吸食鸦片之乐，而不复顾及廉耻伦常，所谓“酖毒杀人人畏之，洋烟杀人人讳之”，那情形就如现在吸毒犯宁犯国法而不肯戒毒一样。何况当时的鸦片不称为烟毒而名为阿芙蓉，其名称之美，更值得人们向往。清人程恩泽的《粤东杂感》诗云：

天生灵草阿芙蓉，要与饔飧竞大功。豪士万金销夜月，乞儿九死醉春风。香风海舶关津裕，力走天涯货贝通。抵得菅腾兵燹劫，半收猿鹤半沙虫。

其下有注云：“粤中鸦片烟遍地，虽乞儿亦啖之。”程恩泽是清嘉庆、道光年间人，其时尚未发生林则徐禁鸦片的事，大量的鸦片由东印度公司的商船源源输入，广东首当其冲，所以广东的鸦片烟最多，售价亦最低廉。但如照杨掌生《辛壬癸甲录》一书所说，道光十四年（1834 年），北京城中的上品鸦片，要白银二百四十两才能买得一百两，则是每两鸦片的价格需白银二两四钱，价格贵，一是表示物稀，另一个是表示鸦片受人欢迎。于是在禁烟失败后，鸦片输入越来越多，乃至穷乡僻壤都有了它的踪迹。这是大不列颠王国武力推销鸦片的成功，相比之下，中国人就都要成为东亚病夫了。

吸鸦片的乐趣如何？俞蛟《梦厂杂著》中曾有记载，说：

友人姚君尝为余道鸦片之美，谓：其气芬芳，其味清甜。值闷雨沉沉，或愁怀渺渺，矮榻短檠，对卧递吹。始则精神焕发，头目清利，继之胸腹顿开，兴致倍佳，久之节骨欲酥，双眸倦豁。维时拂枕高卧，万念俱无，但觉梦境迷离，神魂骀荡，真极乐世界也。

佛教的极乐世界渺不可期，而吸鸦片却可以使人真正品尝到极乐世界的滋味，难怪有这么多人甘心耗尽家产事业，甚至连妻子儿女亦不顾，只求寄身于烟籍之中为已足呢！

雷瑨撰《蓉城闲话》云："就火吸鸦片烟，必需用灯。灯以铜为之上盖，以玻璃制成之罩，中贮以油，撚棉纱为心而燃以火。于是灯之制完备矣。"时至今日，鸦片早已为吗啡、海洛因等物所取代，吸食鸦片烟所用的器具，一般人多已不甚了解。原书附图，堪为写照。其中的一图名为

《好食量》，一图名为《酥骨头》，都是歌颂鸦片之功德者。“瘴雾蛮烟蒸醉骨，黑甜初入晨鸡鸣。珍馐果腹色如菜，鲜衣被体神似丐。强者孱弱富者贫，毒哉此物真蜂虿”。读此诗，看此图，回想当年曾有多少人为此而倾家荡产，蚀骨戕生，实在使人悚然心惊。另外一图，画一人端坐于鸦片灯内，一人则钻头于鸦片烟斗之中，上有小字一行，曰：“驱而纳诸罟获陷阱之中而莫之辟。”染上毒瘾的鸦片鬼，就是如此这般地断送了他自己的一生，可惜纯阳老祖不曾写诗劝诫！

清道光二十二年（1842 年）鸦片战争失败之后，中国人再无法阻止英国倾销鸦片。此时的清朝政府为了顾及颜面，将鸦片改称为洋药，经由海关征收洋药税后，就可公然运入贩售。直到光绪末年，中国政府与英国议定办法，逐年减少鸦片入口，国内亦定期实施禁烟。自此以后，吸烟、卖烟、种烟都有厉禁。但清末政治腐败，因禁烟而致鸦片烟的身价鹊起，结果使很多省份都自种罂粟，自熬鸦片，以图博厚利。由于此时的鸦片并非来自国外，所以又不称洋药而称为烟土。云土最有名，足可与外国输入的“公班”媲美。由于政府有禁烟之政策，所以各地都有禁烟会，也定期举行焚毁烟具的大会。但其实际情形则不免如王伯恭《蜷庐随笔》所说的：“所搜所罚，皆穷苦小民也。

军人之捆橐而来者，不敢过问也；军官之张灯吸烟者，亦若罔闻知也。且非独军官，即官秩稍崇，身膺权要，亦明目张胆为之，警察皆熟视无睹，甚且派人保护者矣。”清末禁烟政策之徒为具文，由此可见一斑。

国民政府成立以后，订定《禁止烟毒治罪条例》，雷厉风行，收效极宏。但在抗战时期，日本人却在沦陷区内公然开设烟馆，鼓励人民吸毒。侵略者当然要不择手段地亡人之国，灭人之种。看了原书所附的几帧照片，无异是鸦片传入中国历史的缩影。特别在此加以介绍，以便大家能够温故知新，吸取昔日的惨痛教训。

“自梳女”与“不落家”

当前的台湾社会，由于知识水平提高及就业机会增多，许多单身女性都因为具有独立自主的谋生能力而改变了自己的婚姻观念，在流行的新名词中，她们被称为不结婚的“单身贵族”。这种情形，在清末民初的广东省某些地区也曾风行一时，不过那时候她们所得到的称呼是“自梳女”与“不落家”。

清末广东特异风尚

在旧时代的封建社会里，未婚少女与已婚少妇的发式有别，即未婚少女扎辫，已婚少妇梳髻。决定反抗旧式婚姻的少女们如果决心不嫁，她们就会自己把辫子拆掉，改梳成少妇型的发髻，表示她们从此要做单身贵族了。由于她们这种行动是自愿而为，与传统的婚后改变发式情形有异，故而名为“自梳女”。如果因迫于父母之命而不能不嫁，则又会在举行过形式上的婚礼后脱离夫家，不履行与丈夫的同居义务，其名又谓“不落家”。总之，不论是自梳女或不落家，其终极目的均在实现其不结婚的独身主义，乃是近代女性单身贵族的创始者。

广东省某些地区为什么会出现自梳女与不落家的特异风俗呢？这显然与不良社会习惯以及当地的特异环境有关。在广东省番禺、顺德、南海、中山等县境内，有一首流行甚广的民歌：

鸡公仔，尾弯弯，做人媳妇甚艰难。早早起身都话晏，眼泪唔干入下间（厨房）。下间有个冬瓜仔，问过老爷（家翁）煮定（或）蒸？老爷话煮，安人（家婆）话蒸，蒸蒸煮煮都唔中意，拍起枱头闹（骂）一番。三朝打烂三条夹木棍，四朝跪烂九条裙。……

这首民歌的主要内容，是在描写旧时代老式家庭中的公婆如何以虐待儿媳为乐，以及新媳妇入门以后动辄得咎的可怜光景，文字虽甚俚俗，刻画却极细微。现代妇女都有其独立自主的经济能力，结婚后组织小家庭自过生活，根本不受公婆的管辖，既不会遭遇到专制公婆蛮横无理的精神虐待，自然也无从体认旧式家庭中遭受无理压迫的痛苦光景。但是，这种精神虐待与无理压迫只有在对方毫无独立自主能力之时才能充分发挥，如果对方在经济上可以独立自主，当然会萌生反抗心态，其后来的结果，就是以自梳女与不落家的形式向不合理的家庭制度公开宣战。广东省的珠江三角洲一带，在清朝中叶以后蚕丝业逐渐兴盛，许多年轻妇女开始进入工厂做女工，她们既然逐渐具备独立自主的生活能力，当然会产生反抗不合理婚姻制度的胆量。于是，“自梳女”与“不落家”的拒婚女性就在这地区的顺德、番禺、南海、中山各县境内逐渐出现，蔚为当地之特异风尚。

多半视结婚为畏途

根据社会学家的调查，在顺德、番禺、南海、中山等自梳女与不落家风气最为盛行的地区，未婚少女自幼接受其诸姑姊妹的熏陶，多视结婚为畏途。如果一个年轻少女决定要“梳起”，就等于是向家庭及社会明白宣示，此后她将永不婚嫁了。一经梳起，此少女的终身即成定局，永远不许反悔，更不许有与男性偷情的不法行为，违者往往会被当地乡人以私刑处死，遭遇极惨。为了避免家人反对，“梳起”的仪式多在自梳女与不落家妇女聚居的“姑婆屋”中暗地举行。梳起时必须置办新衣、新鞋、新袜、红头绳及镜妆等物品，以便在穿着齐全之后到观音菩萨神像前去烧香起誓，表示其永不婚嫁的决心。此时即由陪她前往宣誓的姊妹为她拆开发辫，改梳为云髻，完成梳起仪式。完成这样的仪式之后，“自梳女”的名分已定。如果她的父母同意她这样做，此时便会在家中备办筵席宴请亲朋好友，一方面表示庆贺，另一方面也等于向亲友公开宣告她的身份。但如果她的父母坚决反对她的“梳起”，此时既不便明白禀告，此后更不免有被父母逼嫁的危险，应付起来就会有很多困难——如果不是在婚期前逃走，便只有以“不落家”的方式来对付了。

不愁无人作孝送终

完成“梳起”仪式以后的自梳女如被父母逼嫁而又无法逃走，必须在成婚以前先做好一套缝制严密的紧身衣裤穿在贴身的里层，并服用药物防止小便。为了防止新郎不愿合作，甚至必须随身携带利剪，以备紧急时防身之用。如能在婚礼完成后的三天之内达到不与新郎接触的目的，一到三朝回门，就可拒绝再回夫家，这就是所谓的“不落家”。但因新郎娶妻的目的在于结婚成家及孝养父母、繁衍后代，业已嫁为人妻的“不落家”少女不能逃避做妻子的责任，所以除非夫家接受金钱赔偿后另娶他人为妻，此一不落家的妇女必须自出私蓄，为丈夫纳妾，以代替自己恪尽妻职。此后，她虽然仍是丈夫家名义上的妻子，却只有在夫家有婚丧喜庆之时前往应卯，平时绝不踏入夫家之门。到了她患病将死时，则又会叫人把自己抬回夫家去“待尽”。当然，在将死未死之前的一切饮食、医药、棺殓、丧葬等费，亦均由女方自备，不费夫家一文。不落家妇女大多终生勤俭，死后尽有财产可以遗留给妾生之子女，或留赠母家的侄儿侄辈，不愁无人为她作孝子送终。

顺德妈姐名气响亮

在为数众多的自梳女与不落家之中，“顺德妈姐”的声名最为鼎盛。原因是顺德县籍的自梳女与不落家大多选择富家帮佣为职业，而帮佣中的保姆有干妈之称，故名之为“顺德妈姐”。这些顺德妈姐平素月入丰厚，死后所遗留的财产最多，所以在自梳女与不落家族群中的名气最为响亮。民国以后，一方面由于社会环境的改善与自由平等思想的发展，旧时公婆虐待儿媳的情形逐渐减少，年轻少女不至于对婚姻太感到畏惧；另一方面因为国内经济遭逢外国经济侵略而受到严重挫折，丝厂倒闭，年轻少女的工作机会减少，经济上的独立自主能力也大不如前，因此珠江三角洲一带的自梳女与不落家数目比从前已少了许多，顺德妈姐的名声也已不如从前响亮了。但前些时看到凌峰所制作的《八千里路云和月》特别节目，其中居然有“惠州少女不落家”的单元。是不是从前在珠江三角洲一带盛极一时的自梳女与不落家风气，现在已转移到了瓯东的惠州府属各地呢？那就需要进一步的研究和了解了。

一项有趣的中朝外交史料

中朝两国自明代以来，便已往来频繁，交谊甚笃。每逢朝鲜使臣率领其随从人等来到京师，中国政府馆谷丰隆，所耗费的金钱与物资，都极为可观。其他情形如何，姑且不加深论，只以朝鲜使节团留京期间的生活必需品供应情形而言，写出来也够吓人的。

清乾隆五十五年（1790年），朝鲜政府遣使来贺清高宗八十大寿。随同来华的书状官洪大容写过一部《湛轩燕记》，记述他在京六十三天中的见闻事迹极详。这本书中特别记录了使节团在京期间所得到的清朝官方供应物资数目，乃是一项极有趣的中朝外交史料，在一般书籍中殊为罕见。据此书所记，在留京期间，清朝政府对使节团的廪给供应殊为优厚。正副使臣每日每人给肉五斤，鸡三只，鹅一只，鱼三尾，其他米面、牛乳、豆腐、油盐、青菜等各有一定数量，另外还每三日杀羊一头。从官的待遇较使臣减少，每人每日给肉二斤，鸡一只，酒一壶，豆腐一斤，腌菜一斤，其他米面油盐等亦有定量。从官以次，随从官兵及差役人夫等又各有等差。总计六十三天之中清朝政府共支付过猪肉一万四千六百四十斤，鸡一千九百二十只，蒙古羊二十二只，汉羊六十只，酒三千零六十壶，茶叶七十三斤二两，牛乳一百二十镟，豆腐两千四百斤。此外则在米面油盐酱醋姜蒜等物之外，还有苹果、葡萄、晒枣、柿子、黄梨、沙果等干湿果品，各在数百斤上下。这些东西，光看数量，也许不觉其多，但如以目前市价逐一核算，其总价就会在新台币五六百万元以上了。何况这还只是日食所需的廪饩之费。此外，尚有许许多多的皇帝颁赏和礼部颁赏，其价值更无可估计哩！

中朝双方的官书记载，虽然对于彼此使节往来的次数、人选以及往来情形等都有完整的资料可查，但却很少见到有如此详细明白地记载其馆谷廪饩之实际内容的，所以看起来特觉得亲切而有趣。作一次文抄公将它们转录一番，也许另有一番不同的意义吧。